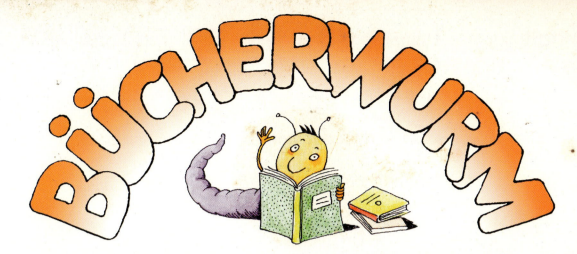

Bücherwurm

Mein Sprachbuch 3

Erarbeitet von
Karin Bartkowski
Anne Felger-Pärsch
Carola Karasz
Maria Kratzsch
Simone Pfeiffer

Illustrationen von
Uta Bettzieche

Ernst Klett Grundschulverlag
Leipzig   Stuttgart   Düsseldorf

Inhalt

Die Schule macht die Türen auf 3

Familiengeschichten 21

Du und ich und wir 31

Gesund bleiben – sich wohl fühlen 47

Die Erde ist unser Haus 59

Bei uns und anderswo 69

Die Zeit vergeht 79

Traumhaftes – Zauberhaftes – Erstaunliches 91

Blätter an meinem Kalender 103

Anhang 117
  Substantive (Nomen) 117
  Verben/Pronomen 118
  Verben/Zeitform 119
  Adjektive 120
  Wortbausteine/Wortbildung 121
  Satzglieder 122
  Subjekt und Prädikat 123
  Wörtliche Rede 124
  Rechtschreibübungen 125

Wörterverzeichnis 133

Übersicht für Lehrerinnen und Lehrer 142

Die Schule
macht die Türen auf

Geschichten erzählen

1. Good mor-ning, good mor-ning, good mor-ning to you!

Good mor-ning, good mor-ning, and how do you do?

2. Guten Morgen, guten Morgen,
   wir nicken uns zu.
   Guten Morgen, guten Morgen,
   erst ich und dann du.

3. Guten Morgen, guten Morgen,
   wir hören uns zu.
   Guten Morgen, guten Morgen,
   erst ich und dann du.

Text und Melodie: volkstümlich

1 *Sammelt lustige Ortsnamen!*
Ihr könnt dazu Geschichten erfinden und malen!

Gesprächsregeln:
Höre gut zu,
wenn andere
erzählen,
stelle Fragen!

Wörter sammeln

Kaum zu glauben

Theresa war auf einem Bauernhof im Gebirge. Alle Tiere hat sie mitgebracht!

Das glaube ich nicht, die sind doch viel zu schwer.

Doch, hier im Fotoalbum habe ich sie!

SAMMEL-Album TIERE

1 ✎ Welche Tiere hat Theresa fotografiert?

das Pferd, die Kuh, …

2 Welchen Namen hat Theresa ihrer Sammlung gegeben?

3 ✎ Sammelt Wörter zu den Begriffen:

Möbel   Fahrzeuge   Kleidung

Z Zu welchem Oberbegriff findest du die meisten Wörter?

Kuh
Pferd
Gans
Schwein
Fisch
Schaf
Hase
Reh

Übung macht den Meister

 **Tipp: Abc-Ordnen**

Wir ordnen nach dem **ersten** Buchstaben	Ist der erste Buchstabe gleich, ordnen wir nach dem **zweiten** Buchstaben.	Sind der erste und der zweite Buchstabe gleich, ordnen wir nach dem **dritten** Buchstaben.
Berg	**re**isen	**ruf**en
Dorf	**ro**llen	**run**d
reisen	**ru**fen	**rup**fen

1 ✏ Ordne diese Verben: wandern, fahren, verreisen, bummeln, spazieren, rennen, laufen.

2 ✏ Ordne nun diese Verben: anbrennen, anfreunden, anziehen, anheben, anschneiden.

3 Stelle mit den Verben Fragen! Dein Partner kann sie beantworten.

reisen
wandern
Stall
Dorf
Berg

Wer freundet sich an?

Was kann anbrennen?

Z ✏ Wie ordnest du Reisetipp, Reisebus, Reiseziel?

 **Tipp: Suchen im Wörterverzeichnis oder im Wörterbuch**

Übungswort nach der Abc-Ordnung im Wörterverzeichnis suchen und abschreiben.

4 ✏ Suche fünf Tiernamen!

Z Schreibe ein Tier-Abc, ein Ferien-Abc oder ein Schul-Abc!

Tipp: Abschreiben

| 1. Sieh dir eine Wort-gruppe genau an! | 2. Präge sie dir ein! | 3. Schreibe sie auswendig auf! | 4. Prüfe Wort für Wort! |

Ist alles richtig? Sehr gut! Schreibe sonst das Wort noch einmal!

Nanu?

Sind Hähne nur im Stall 🐛 und im Dorf? 🐛
Wir haben in der Wohnung 🐛 mehrere Hähne. 🐛
Ich höre sie nie krähen. 🐛 Sie tropfen manchmal. 🐛

Tipp: Partnerdiktat

1. Beide lesen einen Text.

2. Ein Kind diktiert. Beim 🐛 ist Pause.
   Ein Kind schreibt.

3. Wer bei seinem Partner
   einen Fehler sieht, sagt leise …

4. So können Fehler berichtigt werden:
   ☐ das falsche Wort durchstreichen,
   ☐ das richtige Wort und weitere Beispiele
      aus dem Wörterverzeichnis abschreiben.

Tipp: WIR-Buch

Jeder Tag ist voller Geschichten.
Du kannst sie aufschreiben.
Wenn ihr die schönsten Geschichten sammelt,
könnt ihr euch erinnern, wundern, lachen ...

Anikas Geschichte

Nanu!

Ich war einmal mit meinem Opa auf dem Dorf.
Dort kennt Opa viele Leute. Alle grüßen Opa.
Der Nachbar schwatzt gern mit Opa.
Eines Tages erzählte er Opa eine große Neuigkeit:
„Auf unserer Wiese steht ein Elefant ..."

1 ✎ Schreibe Anikas Geschichtenanfang ab,
   beachte, was der Bücherwurm sagt!

2 Erzähle die Geschichte weiter, finde einen Schluss
   und eine Überschrift!

Tonis Geschichte

Eine Überraschung

Ich spielte oft mit Omas Katze. 🐱 *hat ein weiches*
Fell. Mauzi ist 🐱 *Name. Eines Tages ...*

3 Ersetze 🐱 durch die Wörter sie , ihr !

4 Erzähle weiter!

Geschichten richtig schreiben

Niemand weiß, wie alle Wörter geschrieben werden.
Du kannst im Wörterbuch nachsehen.
Das machen viele Menschen, auch Lehrerinnen und Lehrer.

Tipp: Wörterbuch

Die **fett** gedruckten Wörter nennt man **Stichwörter**.
Sie sind nach dem Abc geordnet.

☐ *Suchst du ein Wort, bilde die Grundform!*

reiste
gereist   reisen
verreist

☐ *Zusammengesetzte Wörter musst du zerlegen
und die Teile einzeln suchen!*

Quälgeist   quälen   –   der Geist

☐ *Manchmal werden Wörter anders
geschrieben, als man vermuten könnte.*

**Auszug aus
einem Wörterbuch**

qua|ken
die **Qual**, die Qualen
    quä|len, qualvoll
die **Qua|li|tät**, die Qualitäten
die **Qual|le**, die Quallen
der **Qualm**, qualmen
der **Quark**, der Quarkkuchen
das **Quar|tett**, die Quartette
das **Quar|tier**, die Quartiere
    quas|seln
    quat|schen, der Quatsch
…

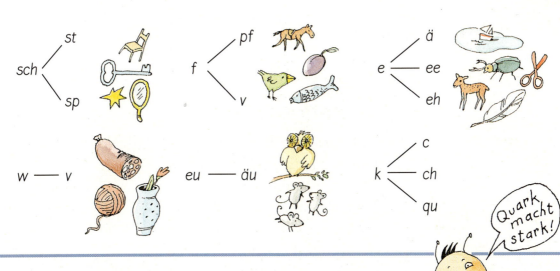

1   *Suche für jede Abbildung ein Substantiv im Wörterbuch!*

2   *Suche die Wörter:*
gequakt, gespielt, geschwatzt, schrieb, half, fand !

Über Gefühle sprechen

Die Kinder der Klasse 3 haben zwei Plakate gemalt.
Dazwischen hängen ihre Namenskärtchen.

Ein guter Tag   **Ein schlechter Tag**

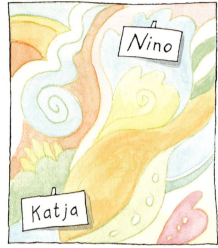

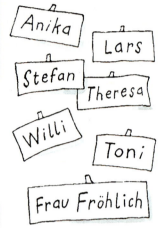

Boris erzählt:
„Heute früh habe ich mir den Kopf gestoßen.
Er tut immer noch weh."

Katja freut sich:
„Heute werde ich mit meinen Großeltern
ins Puppentheater gehen."

1 *Was hast du heute erlebt?*
   Wohin käme dein Name heute?

2 *Wie fühlst du dich,*
   ☐ wenn du zum Zahnarzt musst
   ☐ wenn du gelobt wirst
   ☐ wenn ...

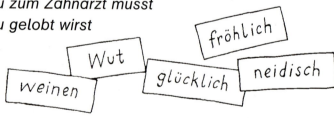

3 *Gefühle kann man mit vielen Wörtern ausdrücken.*
   ✎ Schreibe solche Wörter auf Kärtchen
   und ordne sie den Plakaten zu!

1 Versuche zu beschreiben, wie du dich manchmal fühlst!

Namen für Gefühle sind auch Substantive (Nomen):
die Freude, die Liebe, die Angst, …

Namen von Lebewesen und Gegenständen sind Substantive (Nomen).

Rätsel

2 Was bedeuten die Lösungswörter?

jemanden an der Nase herumführen

vor Wut kochen

Und was bedeutet das?

3 Erkläre, wie die Redensarten gemeint sind!

Z Finde noch mehr Redensarten!

Willis Schultaschentraum

1. *Erzähle zu dem Bild!*
   Stell dir vor, wie unterschiedlich die Gegenstände
   in Willis Traum sprechen könnten!
   Suche dafür treffende Verben!

Wörterdetektive finden viele Wörter für sprechen

2. *Spiele einen Gegenstand und probiere deine Stimme aus!*
   Lass sie murmeln, jammern, …

3. *Denke dir einen Schluss für Willis Traum aus!*

1 ✏ *Die Traumgespräche kannst du für ein Rollenspiel so aufschreiben:*

Willi sagt : „Meine Tasche beklagt sich."
Das Buch jammert : „Au, meine Seiten!"
Der Stift fragt : „Wo ist meine Spitze?"

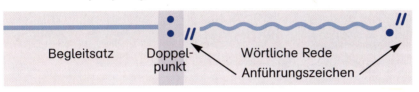

Begleitsatz | Doppel-punkt | Wörtliche Rede Anführungszeichen

2 ✏ Schreibe das Gespräch ab! Achte auf die Satzzeichen!

3 ✏ Schreibe noch zwei Sätze dazu!
Gib mit treffenden Verben an,
wie der Spieler sprechen soll!

4 ✏ Schreibe einen Schluss für diesen Traum auf!

5 Spielt nun mit verteilten Rollen!
Probiert unterschiedliche Sprechweisen aus!

6 Sprecht anschließend über das Spiel!
☐ Wodurch konntet ihr die Sprechweisen unterscheiden?
☐ Wie endete euer Spiel?
☐ Welche Lösungen sind auch möglich?

7 Ihr könnt das Spiel verändern und erneut spielen.

Treppe
Sachen
Zimmer
Raum
Eltern

Ein Alptraum

Willi schreit ☐ „Wo ist meine Schultasche?"
Doch die Tasche steht ordentlich im Zimmer.
Alle Sachen sind an ihrem Platz.
Die Eltern rufen ☐ „Schlafmütze, es gibt Frühstück!"

MINI-KRIMI

Schule vor vielen Jahren

-ig
Fleiß
fleißig
Lust
lustig

-lich
Freund
freundlich
froh
fröhlich
Punkt
pünktlich

Unterwegs im Schulmuseum

Anika staunt □ □ Jungen und Mädchen gingen früher in verschiedene Schulen. □ Stefan sagt □ □ Die Jungen hießen
Knaben und hatten nicht eine einzige Lehrerin. □
Darauf erwidert Anika □ □ Die Mädchen mussten immer ganz
besonders lieb, artig und fleißig sein. □
Stefan meint □ □ Besonders lustig war es früher in der Schule
bestimmt nicht. □ Anika schaut Stefan an und flüstert □ □ Du
hättest damals auch nicht neben mir sitzen können. □

1   *Was erfahren wir von Anika? Was sagt Stefan?*
    Schreibe den Text ab,
    achte auf die Zeichen! — : „ ～ . "

Schulwörter aus alter Zeit
Schiefertafel, Rohrstock, Lederranzen, Tintenfass, Schulbank

2   *Was sind das für Gegenstände?*
    Fragt ältere Leute, sucht in Büchern oder
    erkundigt euch im Museum!

Aus Uromas Album
Immer fleißig, ⸮ fröhlich, pünktlich, ⸮
freundlich und ⸮ auch lieb zu sein ⸮
bringt dir viele Freunde ein. ⸮

Regeln für Schüler:

1 🖊 *Versuche den Text zu lesen! Schreibe ihn auf!*
   Das Abc hilft dir!

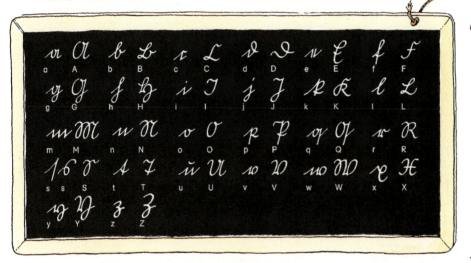

2 *Was meinst du zu diesen Regeln?*

Z 🖊 *Versuche deinen Namen und deine Anschrift*
   in alter Schrift zu schreiben! Lass deinen Partner lesen!

Als Uroma zur Schule ging

9 Lehrer waren sehr streng. Wenn die Kinder in der 1
nicht ganz 5 waren, mussten sie sich in eine Ecke 6.
Kein 8 durften sie von der 7 gehen. 9 Lehrer benutzten
sogar den 3.

3 🖊 *Ergänze den Text mit den Übungswörtern!*

1 <u>St</u>unde
2 <u>St</u>uhl
3 <u>St</u>ock
4 <u>St</u>ift
5 <u>st</u>ill
6 <u>st</u>ellen
7 <u>St</u>elle
8 <u>St</u>ück
9 manche

| A | B | C | 🖊 132 |

falsch
leicht
schwierig
Aufgabe

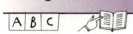

Was mache ich falsch?

In der Schule zu lernen 🖋 ist leicht. 🖋
Aber jeden Tag 🖋 die große Schultasche 🖋 zu tragen 🖋 ist
schwer. 🖋 Meine Arme und mein Rücken 🖋 tun schon weh. 🖋
Ob ich morgen 🖋 die Bücher zu Hause lasse 🖋
oder die Spielsachen?

Tipp: Dosendiktat

Neuer Tipp!

1. Schreibe den Text auf ein Blatt!
   Jeder Satz beginnt in einer neuen Zeile.
2. Zerschneide das Blatt in Satzstreifen!
3. Lies einen Satz, präge dir die Wörter ein!
4. Stecke den Streifen in die Dose!
5. Schreibe den Satz aus dem Kopf wieder auf!
6. Wenn alle Streifen in der Dose sind,
   vergleiche deinen Text mit der Vorlage!
7. Berichtige deine Fehler!

Tipp: Wörterkartei

1. Beim Geschichtenschreiben erkundigst du dich oft,
   wie Wörter geschrieben werden.
2. Schreibe sie auf Kärtchen und sortiere nach dem Abc!
3. Übe die Wörter!
4. Schreibst du das Wort richtig – BINGO!

Diktat

Wer falsch richtig schreibt, §
hat die schwierige Aufgabe erfüllt. §
Aber wer richtig § falsch schreibt, § muss berichtigen. §
Also schreibt richtig § lieber richtig. §

richtig
Bericht
berichten
berichtigen
Berichtigung

Tipp: Berichtigung eines Wortes

1. Suche das Wort im Wörterbuch!
   Schreibe das Wort in der Grundform ab!
   Unterstreiche deine Fehlerstelle!

   richtig   Aufgabe

2. Suche Beispiele, verwandte Wörter oder Reimwörter!

   *die Aufgabe, das Heft, … -ig: richtig, lustig, …
   schreibt – schreiben – das Schreibheft, er muss – die Nuss*

3. Kennst du eine Regel gegen deine Fehler?
   Schreibe sie auf!

   Substantive (Nomen) schreiben wir groß.

   *die Aufgabe – die schwierige Aufgabe –
   eine leichte Aufgabe*

---

1 ✎ *Schreibe nun deine Diktatberichtigung!*

Tipp: Wortfamilien suchen

Fast alle Wörter haben eine Familie.
Lies die Übungswörter auf dieser Seite!
Sie sind miteinander verwandt.
Schreibe sie ab und kennzeichne, was in allen Wörtern
gleich ist! Das ist der Wortstamm.

Vorsilbe   Endung
be richt en
Wortstamm

---

1   *Suche Wortfamilien zu den Wörtern* Freundin *und* reisen *!*

Klassenfest

Wenn die Igel Spiegel küssen,
sich mit Schwämmen kämmen müssen,
dann steht fest: Wir feiern heut ein Fest!

1 Was für ein Fest wollt ihr feiern?
✎ ein Herbstfest, ein Hexenfest, ein Lese…, ein Laternen…,
ein Bastel…, ein Gespenster…, ein …

Am Fr🥚tag feiert
die Kl🎲se 3
um 15 🕐
im 👞🇱
ein lustiges
📐kel👫ˢ-Fest.

8ung! 8ung!
Der größte ▦ⁿberer
aller Z🥚ten
v ❤aubert f 🌿
B 🌕es,
am 🌙tag 14 🕐 im Hof.
Hokuspokus Tigerschrei,
kommt doch alle schnell herbei!
Sonst ist die Zauberei* vorbei!

2 Entwerft ein Plakat für euer Fest!

Große Henne, Eierstich, heute wird es feierlich.
Hokuspokus Hühnerbrust, zum Zaubern hab ich heute …
Hokuspokus Vogelnest, heut feiern wir ein …
Risteln, rosteln, rasteln, ich möchte heute …

3 ✎ Erfinde selbst Zaubersprüche!

Anika, Willi und Toni haben Pflichtaufgaben
und Freiarbeiten ausgewählt.
So sehen ihre Pläne aus:

Willi S. Klasse 3
Mein Plan vom ... bis ...

Pflichtaufgaben	fertig	Bemerkungen
1. Sprachbuch S. ... Nr. ...		
2. Diktat berichtigen	✓	Tina hat kontrolliert
3. Lesen S. ... und zwei Fragen beantworten	✓	zusammen mit Tom
4. Sachkartei „Herbst"		

Freiarbeit: Spiele, Leseecke, Quiz

Anika
Mein Plan vom ... bis ...

Pflichtaufgaben	Kontrolle
1. Partnerdiktat	Boris
2. Sprachbuch S. ... Nr. ...	
3. Herbstgedicht lernen	✓

Freiarbeit

Toni
Mein Plan vom ... bis ...
Pflichtaufgaben

Deutsch	Mathematik
1. Lesen S. ...	1. Sachaufgaben
2. Gedicht abschreiben	2. mit Eric Grundaufgaben üben
3. Sprachbuch S. ...	
Sachunterricht	**Zeichnen**
1. Herbstquiz	Apfelgedicht gestalten
2. Buch S. ...	

Freiarbeit
Freies Schreiben
Fingerpuppen basteln

Lesezeichen gestalten
Spiele drucken
Frage-Antwort-Spiel
Sachkartei „Herbst"

Tipp: Wochenplan

Erledige alles sauber und vollständig!
Entscheide selbst, womit du beginnst! Teile dir die Zeit ein!
Kennzeichne fertige Aufgaben auf dem Plan!

Wörterdetektive

Reihe	**P**	das **Paar** (zwei Stück),
Pause	**paar**, ein paar	gut passende Paare,
Paar	(einige) Äpfel,	aber zwei Paar Schuhe,
paar	ein paar Mal	das **Pärchen**,
	(einige Male)	**paarweise** (zu zweit)

ein  Handschuhe, ein  Kinder,

ein  Möbel, ein  Autos, ein  Socken,

ein  wie Mutti und Vati

1 ✏ *Überlege genau, dann wird alles richtig!*

Ist das möglich?

In der Pause 🐛 sollen sich 🐛

alle Kinder der Klasse 🐛 für ein Spiel 🐛 so aufstellen: 🐛

der Größe nach, 🐛 paarweise und nach dem Abc. 🐛

Familiengeschichten

Mama, du bist wunderbar.
Meine Träume machst du wahr,
wenn du zärtlich „Mausi" sagst
und mir zeigst, dass du mich magst.

Angela Sommer-Bodenburg

Bist du wütend meinetwegen,
braucht mich das nicht aufzuregen,
denn ich weiß, wie Mütter sind:
Jede Mutter liebt ihr Kind!

Angela Sommer-Bodenburg

Mein Vater
Er bindet mir die Schuhe zu,
er spielt mit mir gern Blinde Kuh,
er macht mir für mein Kuscheltier
einen Hut aus Glanzpapier,
er nimmt mich in den Arm,
hab ich mir wehgetan.

Regina Schwarz

1.   *Du kannst Reporter spielen.*
Bei welcher Familie möchtest du
zu Gast sein?
Begründe deine Entscheidung!

2.   *Erzähle deinen Zuhörern eine*
Geschichte zum Fernsehbild!

    ☐ *Was kann vorher geschehen sein?*
    ☐ *Was zeigt das Bild?*
    ☐ *Erfinde einen Schluss!*
    ☐ *Denke dir einen Titel für die*
      Geschichte aus!

Boris erzählt und verwendet die wörtliche Rede:

Anika ruft: „Heute gieße ich die Blumen!"
Toni mault: „Immer soll ich Staub wischen!"
Der Vater sagt: „Wenn wir schnell fertig sind,
können wir noch in den Zoo gehen."

3.   *Lies das Gespräch vor,*
gib jeder Person eine andere Stimme!

4.   🖊 *Denke dir auch ein Gespräch aus!*

Z   *Ihr könnt die Familiengeschichten auch vorspielen.*

1 🖊 *Schreibe die Geschichte einer*
Fernsehfamilie auf!
Erzähle, als hättest du
die Geschichte selbst erlebt
oder als wärst du ein Reporter,
der beobachtet!

☐ *Finde eine Überschrift!*
☐ *Erfinde den Anfang der Geschichte!*
☐ *Was geschieht auf dem Bild?*
☐ *Denke dir einen passenden*
  Schluss aus!

Geburtstag
gratulieren
grüßen
Gruß
Karte

A B C

So ein Pech!
Mutti hat Geburtstag.
Meine Karte mit lustigen Grüßen
stelle ich neben Muttis Lieblingsvase.
Heute will ich mit Blumen gratulieren.
Dafür hatte ich mein Taschengeld gespart.
Unsere Katze will auch gratulieren.
Sie springt auf den Tisch …

2 *Zu welchem Bild passt der Anfang dieser Geschichte?*

23

Was machen wir heute?

Wollen wir heute Video sehen?
Sollen wir lieber ins Kino gehen?
Sollen wir eins von den vielen
Computerspielen spielen?

Backen wir uns einen Kuchen?
Sollen wir schöne Steine suchen?
Fahren wir mit dem Rad
etwas durch die Stadt?

Was von den vielen Sachen
sollen wir gemeinsam machen?

Horst Barnitzky

auf dem Spielplatz klettern
den Opa besuchen
eine Höhle bauen
fernsehen
Pudding kochen
kuscheln
um die Wette rennen
Tiere beobachten
sich verkleiden
zeichnen

1 Mache auch Vorschläge gegen Langeweile!

Mit der Familie kann man …

Allein kann ich …

2 ✎ Schreibe deine Vorschläge auf!

> Wenn du Tätigkeiten aufzählst,
> setze nach jeder Aufzählung ein Komma.
> Vor dem Wort *und* setze kein Komma:
> Ich kann fernsehen, zeichnen, singen *und* mich verkleiden.

Spaziergang

Psst, leise! ⸙ Nicht sprechen! ⸙ Spare deine Worte! ⸙
Dort auf der Wiese ⸙ spazieren Störche. ⸙
Sofort springen ⸙ die Frösche ins Wasser. ⸙
Ich sehe es spritzen. ⸙ Siehst du es auch? ⸙

MINI-KRIMI

3 ✎ Suche zu den Übungswörtern verwandte Wörter!
sparen, du sparst, sparsam, …

spazieren
sprechen
sparen
spritzen

A B C ✎ 132

24

1 Wo haben sich die Kinder
versteckt? Erkläre genau!

2 ✎ Wo könntest du dich verstecken?

*auf dem ..., unter ...,
neben ..., zwischen ...,
hinter ..., in ..., an ...*

3 Was spielst du gern draußen?
Erkläre dein Spiel so,
dass alle mitspielen können!

Hoch hinauf

_____ mir steht ein großer Baum.
_____ lehnt eine Leiter. _____ klettert
Vati. Nun reiche ich ihm einen Korb.
_____ liegen Hammer, Zange und Nägel.
Wir bauen ein Baumhaus. Ich stehe _____ .
_____ sind nur die Wolken.

4 ✎ Ergänze den Text
mit Übungswörtern!

hinter ✓
neben
zwischen
darauf ✓
darüber ✓
darunter ✓
darin ✓
darum
daran ✓

A B C

Erwachsene haben viel zu tun

Stefans Mutter ist Verkäuferin. Wenn sie von der Arbeit kommt, hat Stefan den Abendbrottisch schon gedeckt. Oft hat er auch Lust etwas zu kochen. Heute gibt es Spagetti.
„Du könntest Koch werden", sagt seine Mutter.
Stefan lacht: „Nein, ich werde Verkäuferin, so wie du."
Nun lacht seine Mutti …

1   *Welche Berufe gibt es in deiner Familie?*
     Lass die anderen raten! Sage nur, was man für den Beruf
     braucht oder was man in dem Beruf tut!

2   *Spiele einen Beruf als Pantomime!*

Achtung! Ein falsches Wort hat sich eingeschlichen.

Wer gehört zu wem?

| Hausfrau | Verkäuferin | Krankenschwester | Koch |

| Köchin | Krankenbruder | Kauffrau |

| Hausmann | Kaufmann | Verkäufer | Krankenpfleger |

2 ✏ Schreibe die passenden Berufsnamen nebeneinander!

die Verkäuferin – der Verkäufer

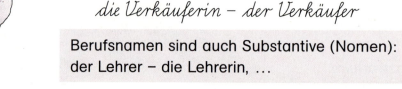

Berufsnamen sind auch Substantive (Nomen):
der Lehrer – die Lehrerin, …

Ich möchte gern Arzt werden.

Nein, Arzt werde ich auf keinen Fall, da musst du dir dauernd die Hände waschen.

Aber Lehrerin ist ein schöner Beruf! Vormittags fragt man die Kinder und nachmittags hat man frei.

1 *Erkundige dich!*
   Was haben die Lehrerin oder der Arzt zu tun?

2 ✎ *Schreibe über jeden Beruf zwei Sätze auf!*

3 *Wie heißen die Lehrerinnen und Lehrer an deiner Schule?*
   Welche Fächer unterrichten sie?

Lehrer
Lehrerin
Arzt
Ärztin

Alles Berufe?

Möbelträger
Hosenträger
Briefträger

Schornsteinfeger
Handfeger

Zitronenfalter
Lautsprecher
Hundezwinger

Fernseher

Nanu? Herr Bäcker ist Gärtner und Frau Gärtner ist Köchin? Und Herr Koch...

Bauer
Vogelbauer

Erzieher
Korkenzieher

Geschirrspüler
Teppichklopfer

4 *Findest du auch solche Beispiele?*

Verkehrte Welt – eine Bildergeschichte

☐ *Erzähle, was auf jedem Bild geschieht und was zwischen den Bildern geschehen sein könnte!*

So beginnt Marias Geschichte:

Anika und Toni liegen im Bett.
Sie träumen, Vati und Mutti sind die Kinder.
Sie selbst sind plötzlich erwachsen.
Am Morgen hüpfen die Eltern fröhlich in die Schule.
Oh, Vatis Schulsachen …

1   *Erzähle die Geschichte weiter, beachte die Bilder!*

Tipp: Bildergeschichte

- ☐ Finde eine treffende Überschrift!
- ☐ Erzähle zu jedem Bild das Wichtigste!
- ☐ Erzähle auch, was zwischen den Bildern passieren könnte!
- ☐ Die wörtliche Rede macht deine Geschichte spannender.
- ☐ Erfinde einen Schluss!

2   ✎ *Schreibe die Verkehrte-Welt-Geschichte auf!*

3   *Vergleiche deine Geschichte mit dem Tipp!*

4   *Lest eure Geschichten vor, sagt dazu eure Meinung!*

Z   ✎ *Kannst du selbst eine Bildergeschichte malen und schreiben?*

Tipp für eine ganz besondere Bildergeschichte
Ihr braucht dafür:

Du und ich und wir

Ich sammle Witze und zeichne gern.

Ich erfinde Geschichten von Gespenstern.

Ich singe im Chor und kann wie ein Kolibri pfeifen.

Ich klettere am liebsten auf hohe Bäume.

Philipp

Willi

Toni

Lisa

1 Erkennst du, wer sich hier vorstellt?

2 ✎ Ersetze das Wort ich durch Namen!

3 Findet heraus, wer in eurer Klasse etwas besonders gut kann!
✎ Jeder schreibt ein Kärtchen:

Sie kann besonders gut pfeifen.

Er ist der beste Geschichtenerzähler.

Ich lese gern, spreche gut und mag keine Eselsohren.

4 Lasst erraten, wer gemeint ist!
Heftet die Kärtchen so an eine Tafel:

Timea   Sie spricht zwei Sprachen.

Er gewinnt immer.   Toni

Pronomen (Fürwörter) können für Substantive stehen:
sie – Timea,   er – Toni,   ich – Bücherwurm   📖 118

Z *Startet eine Umfrage!*
  ☐ *Was machst du besonders gern?*
  ☐ *Was kannst du besonders gut?*
  ☐ *Was kannst du nicht leiden?*
*Gestaltet mit den Ergebnissen der Umfrage
ein Klassenposter!*

Ein lustiges Frage-Antwort-Spiel

Gewinnst du jedes Spiel?

Ziehst du gern Grimassen?

Nur am Sonntag.

Bohrst du manchmal in der Nase?

Hüpfst du gern durch Pfützen?

Und wie!

Nichts lieber als das.

Nachts nie.

Leider ja.

Findest du mich hübsch?

Bei jedem Wetter.

Klessterst du gern auf Bäume?

Das isst mein Hobby.

Sammelst du gern Fünfen?

1   *Du kannst dieses Spiel herstellen.*
   🖊 *Schreibe dazu die Fragen und Antworten auf Karten!*

2 🖊 *Schreibe Fragekarten für Kinder deiner Klasse!*
   Frage nach Tätigkeiten wie: zeichnen, tanzen, spazieren, lesen, fernsehen, vergessen, essen *!*

Z 🖊 *Wer findet die pfiffigsten Antworten?*

Schon bekannt?

Doppelter Mitlaut steht nur nach kurzem Selbstlaut.

Verben haben eine Grundform.
Sie hat die Endungen **-en** oder **-n**: gewinn**en**, sammel**n** …

Die Grundform kann sich verändern:
ich gewinn**e**, du gewinn**st**, er gewinn**t** …
ich samm**le**, du sammel**st**, er sammel**t** …
Diese Formen nennt man gebeugte Verbformen. 118

du kannst, er isst, sie gibt, er sieht, er stieß, du tanzt, er trifft

3   *Kennst du die Grundformen dieser gebeugten Verben?*
   🖊 *du kannst – können, …*
   Kontrolliere mit dem Wörterverzeichnis!

zeichnen
finden
ziehen
stoßen
tanzen
gewinnen
klettern
sammeln

Im Morgenkreis

Tonis Gruppe hatte gute Ideen für den Morgenkreis.

Das sind Tonis Stichpunkte:

1. Theresa	– Lied
2. Boris	– Gedicht
3. Peter	– Pantomime
4. Willi	– Briefkasten leeren

1 Toni will zuerst wissen, ob alle Kinder vorbereitet sind. Wie wird er fragen? Verwende die Verben: 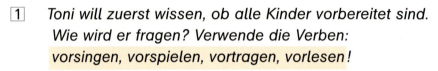 vorsingen, vorspielen, vortragen, vorlesen!

2 Toni ruft nun die Kinder nacheinander auf. Wie könnte er sie auffordern?

3 ✏ Schreibe Aufforderungssätze!

Anikas Bericht

Boris, gut gemacht!
Boris wollte im Morgenkreis ein Gedicht vorlesen. Aber manche Wörter kann er noch nicht richtig aussprechen. Deshalb übte er mit Lisa.

Sie musste ihm die Wörter immer wieder vorsprechen. Heute war es so weit. Boris las vor. Alle klatschten. Er hatte sich nicht einmal verlesen.
                                        11. November

Schon bekannt?
Zuerst die Grundform bilden: lesen – las

4 Anika wollte im Wörterverzeichnis diese Wörter überprüfen:  aussprechen, musste, vorsprechen, las. Sie hat lange gesucht. Kannst du das erklären?

5 Wie schnell findest du Anikas Wörter? ✏ Schreibe die Verben so auf:

sprechen – aussprechen, …

Briefe aus dem Klassenbriefkasten

Wie kann ich es schaffen, meine Hausaufgaben nicht mehr zu vergessen?

Peter

Ich ärgere mich, weil manche mich eine Petze nennen. Aber man muss doch immer die Wahrheit sagen.

Susi

1 Darüber wollen die Kinder der Klasse 3 sprechen. Was würdest du Peter und Susi antworten?

Worüber sich mancher ärgert

☐ wenn man etwas verloren hat
☐ wenn man etwas vergisst
☐ wenn jemand etwas verrät
☐ wenn jemand etwas verspricht und nicht hält

Petzen ist doof!

2 ✐ Worüber ärgerst du dich am meisten?

Wörterdetektive

tragen

etwas vortragen

sich vertragen

ver-
vergessen
vergisst
vergaß
verlieren
verloren
verreisen
verraten
vor
schieben
rechnen
Wahrheit

3 Oft verändert sich der Sinn eines Verbs, wenn du vor- oder ver- davor setzt. Probiere es: schreiben, zeichnen, stellen, laufen, schieben, rechnen !

4 ✐ Wähle Verben aus und schreibe vier Sätze!

5 ✐ Suche im Wörterverzeichnis weitere Verben, die du mit vor- oder ver- verändern kannst!

Braucht jeder einen Freund?

Das sind alle meine Freunde.
Wir spielen in einem Fußballverein.

Das ist meine beste Freundin.
Wir treffen uns jeden Tag.

1 🖉 Was gefällt dir an deiner Freundin oder deinem Freund?

2   Male dich und deine Freunde oder fotografiere!
🖉 Schreibe dazu, was ihr am liebsten macht!

Über meinen Freund

Manchmal vergisst er ein Heft oder die Mütze.
Er springt mit neuen Schuhen in die Pfütze.
Er hat nicht immer gewaschene Ohren.
Ich sah ihn schon in der Nase bohren.
Er schrieb im Diktat auch mal eine Vier.
Aber eins ist sicher: Er hält zu mir.

nach Viktoria Ruika-Franz

Ohr
aufpassen
beißen
er biss
gebissen
sie isst
sie aß
gegessen
er saß
gesessen
wissen
sie weiß
sie wusste

A B C   🖉 126

vergisst

vergaß

vergessen

kurz o
lang —

ss steht nach kurzem Selbstlaut.

3 🖉 Wo hast du schon einmal mit deiner Freundin gesessen?
Was habt ihr gegessen?
Was wusste sie besser als du?
Erzähle!

*Ina spielt nicht
mehr mit mir.
Sie trifft sich jetzt
immer mit Theresa.*

Timea

1 Sprecht über Timeas Kummer!
Was könnte geschehen sein?
Wie könnte es weitergehen?

2 Spielt verschiedene Möglichkeiten vor!

3 Wie könnte Timea wieder froh werden?
🖊 Schreibe dazu eine Geschichte!

Licht
bre<u>nn</u>en
ne<u>nn</u>en
re<u>nn</u>en

| A | B | C | | 125 |

Z Ihr könnt die Geschichten in einem Buch sammeln.

Poesiespruch

*Unsere Freundschaft, ❧ die soll brennen ❧
wie ein dickes Kerzenlicht. ❧
Freunde wollen wir ❧ uns nennen, ❧
bis der Kater ❧ Junge kriegt. ❧*

4 Weißt du, was ein Poesiealbum ist? Erkundige dich!

Z 🖊 Schreibe einen Spruch für jemanden, den du magst!

Wie wirst du genannt?
Theresa erzählt: „Meine Mutti nennt mich Resi und meine
Freunde nennen mich Thresi."

5 🖊 Wie wirst du genannt?

*Dies Blümlein
ist für dich,
es heißt
Vergissmeinnicht.*

Spiele für draußen

Spielanleitung: Der Fuchs und die Gänse

Einer ist der Fuchs, die anderen sind Gänse. Sie springen um den Fuchs herum und necken ihn. Der Fuchs steht zuerst ganz still. Plötzlich ruft er: „Der Fuchs kommt!" Er muss versuchen eine Gans zu fangen. Die wird dann der Fuchs. Wenn sich aber zwei Kinder anfassen, kann der Fuchs ihnen nichts anhaben.

1 *Lies das Spiel so oft, bis du es erklären kannst!*

2 *Spielt nun!*

Tipp: Spielanleitung

- ☐ Wie heißt das Spiel?
- ☐ Wer spielt mit?
- ☐ Wie fängt das Spiel an?
- ☐ Wie geht das Spiel weiter?
- ☐ Wie endet das Spiel?

3 *Versuche dieses Spiel zu erklären!*

4 *Spielt nun!*

5 *Schreibe zu diesem Spiel eine Spielanleitung!*

Z *Sammelt Spiele!*
Ihr könnt ein Spielebüchlein herstellen.

Spiele für drinnen

Zwischen zwei Zwetschgenzweigen zwitschern zwei Schwalben.

1 *Sprich den Satz, ohne dich zu versprechen!*

2 *Schreibt den Satz auf einen Papierstreifen und zerschneidet ihn! Legt die Teile zu Sätzen zusammen! Wie viele Möglichkeiten findet ihr?*

Zwetschgen sind Pflaumen.

ZWISCHEN ZWEI ZWETSCHGENZWEIGEN
ZWITSCHERN
ZWEI SCHWALBEN

3 *Schreibe die Sätze! Achte auf die Satzanfänge!*

Zwei zischende Schlangen sitzen vor zwei spitzen Steinen.

4 *Übe wie in Aufgabe 1, 2, 3!*

Schnipp-schnapp!

> Ein Satz besteht aus Satzteilen. Diese Teile kann man umstellen. Wir nennen sie Satzglieder. ✍122

Ein Schreibspiel mit Satzgliedern

WER?	TUT WAS?	WIE?	WO?
Zwei Schlangen			

TUT WAS?	WIE?	WO?
sitzen		

WIE?	WO?
zischend	

WO?
vor zwei spitzen Steinen

Einen Satzteil schreiben, dann das Blatt falten und an den Banknachbarn weitergeben ...

5 *Erkläre das Spiel! Probiert es aus!*

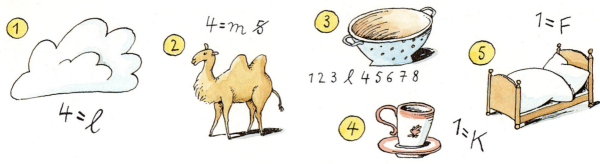

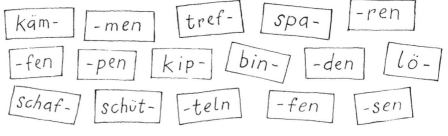

Kurz
zwei Mitlaute

1 ✐ *Finde die fünf Substantive!*

2 ✐ *Kennzeichne ihre Gemeinsamkeiten!*

Wörterdetektive

| käm- | -men | tref- | spa- | -ren |

| -fen | -pen | kip- | bin- | -den | lö- |

| schaf- | schüt- | -teln | -fen | -sen |

3 ✐ *Aus zwei Silben kannst du immer ein Verb bilden.*
Unterstreiche den Wortstamm! *kämmen*

Nach kurzem Selbstlaut stehen meist zwei Mitlaute.

4 *Durch Silbenklatschen kannst du es hören:*
tan-zen, bin-den, fin-den, wan-dern, wer-fen

Hörst du nur einen Mitlaut, wird er verdoppelt:
käm-men, kip-pen, schüt-teln, schaf-fen

5 ✐ *Suche im Wörterverzeichnis zehn Verben mit doppeltem*
Mitlaut! Zerlege sie in Silben! Kennzeichne den kurzen
Selbstlaut!

6 *Stelle deinem Partner mit den Verben lustige Fragen!*

7 ✐ *Untersuche, ob sich der Wortstamm in der Du-Form*
ändert! *kämmen – du kämmst*

Fett
Wolle
Kasse
Kamm
kämmen
kippen
schütteln
schütten

A B C 📖125

Schüttelst du
dem Hund
die Hand?

Kämmst du dich
in jeder Pause?

Ein Freundschaftsbrief

Ich mag dich. Magst du mich?

Ich denke an dich.

Gucke doch öfter mal zu mir herüber!

Deine Haare glänzen immer so schön.

Du hast so lustige Grübchen.

Wollen wir zusammen Rätsel lösen?

So schreibe ich einen Brief an meine Freundin.

Schrift
treffen
glänzen
binden
zusammen
schaffen
lösen

A B C

1 ✏ Jeder schreibt nur einen Satz. Dann knickt er seinen Streifen nach hinten und gibt das Blatt an den nächsten Mitspieler. Der schreibt darunter die nächste Zeile. Ihr könnt auch tüchtig übertreiben. Zum Schluss darf jeder einen Brief entfalten und lesen.

treffen
Treffpunkt
betroffen
zielen
sie traf
er trifft

glänzen
das Gold
der Glanz
es glänzt
glänzend

lösen
die Lösung
das Rätsel
das Los
lose

Schon bekannt?

Zu einer Wortfamilie gehören Wörter mit einem gemeinsamen Wortstamm.

2 Jede Wortfamilie hat einen Gast, der nicht zur Familie gehört. Finde ihn!

3 ✏ Schreibe die Wortfamilien ab! Kennzeichne den Wortstamm!

Dieser Stamm muss aber nicht immer gleich geschrieben sein.

er schnitt

schneiden

4 ✏ Bilde selber Wortfamilien und bringe in jeder Familie einen Gast unter! Lass deinen Partner die Gäste finden! Verwende: binden, schneiden, schreiben, ...

Wie man sich manchmal fühlt

1 *Beschreibe die Bilder!*

2 *Wann ging es dir schon einmal so?*

Gefühle zeigen

weinen
schlagen
schreien
ich schrie

A B C

ich singe, ich schmolle, ich lache, ich weine, ich springe in die Luft, ich gebe jemandem einen Kuss, ich umarme jemanden, ich tanze, ich schreie, ich hüpfe herum, ich schlage die Tür zu

3 ✎ *Wenn ich mich über ein Geschenk freue, dann …*

4 ✎ *Wenn ich ein Diktat ohne Fehler geschrieben habe, …*

5 ✎ *Denke dir selbst eine Situation aus!*

Der verflixte Computer

6 *Beschreibe die Bilder! Mit welchem Bild willst du beginnen?*

7 ✎ *Was könnte in den Sprechblasen stehen?*

Z ✎ *Erfinde eine Computer-Geschichte!*

Wenn ich 🎵 glücklich bin, 🎵 weißt du was, 🎵
dann hüpfe ich 🎵 wie ein Laubfrosch 🎵 durch das Gras. 🎵

Wenn ich 🎵 wütend bin, 🎵 sag ich dir, 🎵
dann stampfe ich 🎵 wie ein wilder Stier. 🎵

Wenn ich 🎵 fröhlich bin, 🎵 hör mal zu, 🎵
dann pfeife ich 🎵 wie ein bunter Kakadu. 🎵

| 1 | Spiele einen Zweizeiler vor! |

Du übler Kerl,
du üüübler Kerl!
Hüte dich,
hüüüte dich,
das noch einmal
zu tun!

| 2 | Versuche dich in den Jungen oder das Mädchen hineinzudenken! |

| 3 | Erzähle zu den Bildern! Verwende auch die wörtliche Rede! |

stark
hüpfen

| 4 | ✒ Finde eine Überschrift! |

Redensarten

ängstlich wie
ein

stark wie
ein

leicht wie
eine

| 5 | ✒ Finde die Redensarten! |

| 6 | Spielt sie als Pantomime vor! |

Guten Morgen, neuer Tag

Guten Morgen! Aufstehen!

Hallo, neuer Tag! 🎵 Ich grüße dich. 🎵
Weil ich nicht mehr 🎵 warten kann, 🎵
spring ich aus den Federn 🎵 und lach dich an. 🎵

1   *Man kann den Morgen verschieden beginnen.*
      Wie geht es dir morgens?

Am Morgen
Der Tag fängt an, die Stadt wird wach.
Die Spatzen schreien auf dem Dach,
die Lampen löschen aus.

Anfang
anfangen
her
herauf
herein
herüber
herunter
bellen
brummen

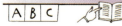

Ein schellt, ein 🐕 bellt,

ein 🚗 summt, ein ✈ brummt –

der 🐈 schleicht ums Haus.

Ein  singt, ein 🪓 klingt,

ein Zug fährt weit – nun ist es Zeit:

Die kommt herauf!

Ursula Wölfel

2   *So erlebte Ursula Wölfel einen Morgen.*
      Lest das Gedicht vor! Ergänzt mit passenden Geräuschen!

3   *Was hört Ursula Wölfel? Spatzen schreien, ...*
      Was sieht sie? der Kater schleicht, ...

4   *Was hörst oder siehst du auf dem Weg zur Schule?*
      Schreibe Sätze auf!

Der Tag fing an. ∫ Ich lag noch im Bett ∫ und spitzte die Ohren. ∫ In der Küche ∫ klapperten die Tassen. ∫ Eine Tür schlug zu. ∫

1 *Wann könnte das geschehen sein?*
Woran erkennst du, dass es nicht jetzt geschieht?
🖊 *Unterstreiche die Verben!*

2 *Wie könnte die Geschichte weitergegangen sein?*

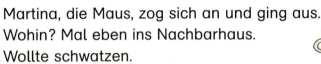

Martina, die Maus, zog sich an und ging aus.
Wohin? Mal eben ins Nachbarhaus.
Wollte schwatzen.
Da saßen die Mäuse steif und stumm
um den Fernsehkasten herum.
Sahen Mickymaus.

Hanisch

3 *An welchen Wörtern erkennst du, dass es nicht jetzt geschieht?*

4 🖊 *Verändere die Geschichte so, als ob es jetzt geschieht!*

Verben geben an, in welcher Zeit etwas geschieht.
Gegenwart (Präsens): ich schlafe, er bellt
Vergangenheit (Präteritum): ich schlief, er bellte 🖊 119

5 *Alle Übungswörter sind Verben in der Vergangenheitsform.*
🖊 *Schreibe sie mit der Grundform auf!*

blieb – bleiben, …

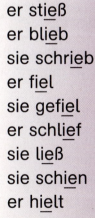

er stieß
er blieb
sie schrieb
er fiel
sie gefiel
er schlief
sie ließ
sie schien
er hielt

| A | B | C | 🖊 130 |

So beginnt und endet eine Geschichte von Elizabeth Shaw:

Es lebte einmal ein Schneck, der hieß Wilhelm Karolina.

Seit diesem Tag gingen sie gemeinsam im Schneckentempo durch die Welt und waren glücklich.

Ich bin so einsam und allein.

1 Was könnte dem Schneck passiert sein?
Erfinde selbst eine Geschichte!

2 Besorge dir das Buch „Der scheue Schneck" und lies!

Erzählkarten für Geschichten

☐ Für jeden Erzählschritt kannst du Wörter oder kleine Sätze auf die Karte schreiben.

☐ Denke dir auch für jeden Erzählschritt ein Bild aus und male es auf die Rückseite!
☐ Zeige das Bild deinen Zuhörern und erzähle die Geschichte!
☐ Die Wörter und Sätze auf der Rückseite helfen dir.

Wie der Schneck sich einen Freund suchte

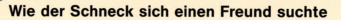

Welche Wiesentiere er traf	Was die Tiere taten	Was er fragte und was sie antworteten
Waldameise Biene Marienkäfer Schmetterling Grashüpfer Hummel	baute ein Ameisennest sammelte Honig fraß Blattläuse tanzte hüpfte brummte	Schneck: „Wollen wir etwas zusammen tun?" Waldameise: „Ich muss helfen ein Ameisennest zu bauen."

Gesund bleiben – sich wohl fühlen

Kennst du das Land, wo in den Flüssen Cola fließt, wo es Pommes regnet und Spagetti schneit, wo die Häuser aus Kuchen gebaut sind und die Türme aus Softeis? Wer in dieses Land kommen will, der …

Lachen ist die beste Medizin

Beim Zahnarzt

Ein Bagger sitzt beim Zahnarzt.

„Machen Sie bitte schön das Maul auf!", sagt der Zahnarzt.

„Was sehe ich denn da! Sie haben eine ganze Maulwurfs-
familie in ihrem verbogenen Zahn. Kein Wunder, dass es bei
Ihnen im Unterkiefer rumort. Sie haben sich wohl gestern
Abend nicht die Zähne geputzt?

Schämen Sie sich! Bitte ausspülen!

Danke, der Nächste bitte!"

Friedel Hofbauer

1   *Macht aus der Geschichte ein lustiges Theaterspiel!*
     Überlegt:
-   *Was kann vorher passiert sein?*
-   *Welche Personen könnten mitspielen?*
-   *Mit welchen Bewegungen und Geräuschen könntet
   ihr den Bagger darstellen?*

2   *Erzähle und schreibe auf, wie es war, als du das letzte
    Mal beim Zahnarzt warst! Die Übungswörter helfen dir.*

öffnen

letzte

schneiden

er schnitt

Loch

Hals

Herz

Bein

A B C

Zum Zeitvertreib im Wartezimmer

Hustenschmerzen, Halstropfen, Rückensausen, Beinzimmer,
Ohrenbruch, Sprechwickel, Fieberweh, Herzthermometer,
Kopfklopfen

3   *Wie muss es richtig heißen?*

Z   *Finde selbst lustige Zusammensetzungen!*

4   *Schreibe die richtigen Namen dieser Zähne auf!*

In Ninos Gesundheitsbüchlein finden wir diese Tipps:

Ich empfehle morgens etwas länger im Bett zu bleiben und die Zeit beim Waschen und Frühstück einzusparen.

Man nehme zum Frühstück einen Riesenschokoladenriegel!

Ich wüsste auch Tipps für den Abend!

Nimm nur warmes Wasser für deine morgendliche Katzenwäsche!

1 ✎ Welches Rezept oder welchen Tipp würdest du für den Morgen geben?

Gestern wachte ich ⸙ erst fünf Minuten ⸙ nach acht Uhr auf. ⸙ Verschlafen! ⸙ Der Wecker sollte mich ⸙ doch wecken! ⸙ Was nun? ⸙

MINIKRIMI

| Besuch | wecken | Weckruf |
| Schlafmütze | Besuchszeit | schlafen |

2 Ordne nach Wortfamilien! Finde noch mehr Wörter!

Als Toni krank war

Toni lag mit Halsschmerzen im Bett und langweilte sich. Plötzlich...

?

Z Denke dir aus, wie es weiterging!

bücken	Socken	Stock	Hacke	Ecke
pfl...	tr...	R...	J...	H...
R...	Fl...	B...	B...	D...

3 ✎ Reime! Kennzeichne den ersten Selbstlaut!

Besuch
besuchen

pfl<u>ü</u>cken
we<u>ck</u>en
schm<u>e</u>cken
tro<u>ck</u>en
<u>Ja</u>cke
<u>Ro</u>ck
R<u>ü</u>cken
E<u>ck</u>e

A B C ✎ 128

Im Sprechzimmer

1 ✏ *Ordne die Sprechblasen*
zu einem Gespräch!
Verwende die wörtliche Rede!

Die Schwester ermahnt Ina ❧ Du musst den Tee trinken, ❧
auch wenn er ❧ bitter schmeckt. ❧ Denk einfach, ❧ es wäre
Obstsaft! ❧ Ina denkt nach ❧ und antwortet froh ❧ Da trinke
ich lieber ❧ gleich Obstsaft ❧ und denke, ❧ es wäre Tee. ❧

2 ✏ *Erkennt man in deinem Partnerdiktat, wer spricht?*
Unterstreiche den Begleitsatz und die wörtliche Rede!

denken
sie dachte
gesund
Gesundheit
krank
Krankheit

A B C

3 ✏ *Die Wortbausteine ergeben zwei Adjektive und*
zwei Substantive.

4 ✏ *Du warst krank und bist jetzt wieder gesund.*
Wie fühlst du dich? Finde Adjektive!

1 ✎ Wie war es, als du
beim Arzt warst?
Welche Krankheit
hattest du?
Wie bist du wieder
gesund geworden?
Erzähle, schreibe
und zeichne!

> Es tut nur kurz weh, aber es hilft lange.

Dr. med. Hoppe
Fachärztin für Allgemeinmedizin

2 Erkundet, welche
Krankheiten bei Kindern
häufig auftreten!

3 Sammelt Material und lasst euch Gesundheitstipps
geben!

Bist du auch ein guter Ratgeber?

Wechsel-dusche · täglich · an der frischen Luft bewegen · nasse Badesachen · nachts · Fenster öffnen · heiße Zitrone · warme Jacke · kühles Wetter · Doppelpack · kalte Halswickel

bewegen
Mantel
nass
kühl

A B C

4 Welche Gesundheitstipps könntest du geben?
Nutze auch die Wortgruppen aus den Flaschen!

5 ✎ Schreibe nun Sätze als Gesundheitstipps auf!
Du kannst sie zu einem kleinen Buch zusammenheften.

Tim fragt Toni: ﾠ „Möchtest du ﾠ so einen langen Hals ﾠ
wie eine Giraffe haben?" ﾠ „Wenn ich mich ﾠ
waschen muss, ﾠ nicht. ﾠ Aber beim Diktat!" ﾠ

Gesundheitsdetektive

1 ✏ *Jedes Kind schreibt eine Frage zur Gesundheit und die passende Antwort auf zwei verschiedene Karten. Diese werden getrennt gemischt und verteilt.*
Nun liest ein Kind seine Frage vor, ein anderes gibt die Antwort, die auf seiner Karte steht. Wer die richtige Antwort hat, darf die nächste Frage stellen.

Kennst du ein Hausmittel gegen Fieber?

Was machst du gegen Insektenstiche?

Ich putze mir dreimal täglich die Zähne.

Ich gehe regelmäßig zum Zahnarzt.

„Hattest du Ziegenpeter 🎵 auch so schlimm wie ich? 🎵
Ich durfte zwei Wochen 🎵 nicht zur Schule gehen." 🎵
„Bei mir war es 🎵 viel, viel schlimmer. 🎵
Ich hatte ihn in den Ferien." 🎵

Warum heißt es nicht Ziegensusi oder Kuhpeter?

2 *Erkundige dich, wie die Krankheit Ziegenpeter vom Arzt genannt wird!*

Hempulndes Degicht
Es hempult mit stervauchtem Fuß
ein Efelant durchs teiwe Land.
Miezlich mangsal tehg er teuh
im heßein Akrifa rehum. Rigaffe, Wöle, Logev Strauß
furen: „Tuge Ressebung!"

Josef Guggenmos

schlimm
Woche

3 ✏ *Hast du herausbekommen, was passiert ist?*
Dann schreibe es auf!

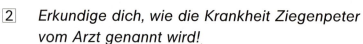

Tageskreisel

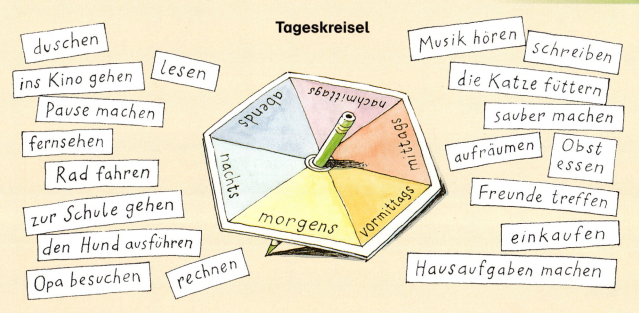

duschen

ins Kino gehen

lesen

Pause machen

fernsehen

Rad fahren

zur Schule gehen

den Hund ausführen

Opa besuchen

rechnen

Musik hören

schreiben

die Katze füttern

sauber machen

aufräumen

Obst essen

Freunde treffen

einkaufen

Hausaufgaben machen

1 Erzähle deinem Lernpartner, wie dein Tagesablauf gestern war!

2 ✎ Schreibe auf Kärtchen, was du alles tust! Lege die Kärtchen an den Tageskreisel an!

3 Fertigt einen Tageskreisel an und spielt!
- ☐ Jeder bekommt etwa 10 Kärtchen und legt sie verdeckt vor sich hin.
- ☐ Einer dreht den Kreisel.
- ☐ Jeder deckt ein Kärtchen auf. Passt es zu der Tageszeit, die der Kreisel anzeigt, darf es abgelegt werden. Passt es nicht, wird es wieder umgedreht.
- ☐ Wer als Erster alle Kärtchen ablegen konnte, ist Sieger.

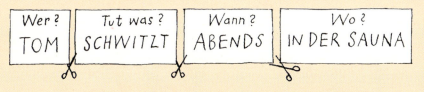

Wer?	Tut was?	Wann?	Wo?
TOM	SCHWITZT	ABENDS	IN DER SAUNA

Schon bekannt?

Satzglieder kann man umstellen.

4 ✎ Welche verschiedenen Sätze können entstehen?

5 ✎ Schreibe einen Satz über dich auf und experimentiere mit ihm!

Ist alles gesund, was uns schmeckt?

1 Erkundet in eurer Klasse, was den Kindern schmeckt!

PILZSUPPEFRÜCHTEQUARKSPEISEGURKENSALATLEBERWURSTKARTOFFELBREI

Eine Woche nach unserem Geschmack

Montag	Dienstag	Mittwoch
Hähnchen	Eierkuchen	Spagetti
Kartoffelbrei	Apfelmus	Tomatensoße
Gurkensalat		Quarkspeise

2 Wie sieht dein Wunschspeiseplan für eine Woche aus?

Obst Gemüse	Fisch	Milch-produkte	Fleisch	Getreide-produkte

Gurke

Salz

Zucker

lecken

A B C

3 Ordne diesen Begriffen Speisen zu, die du gern isst!

im Frühjahr im Sommer im Herbst im Winter

4 Was schmeckt uns, was lecken, schlecken und kosten wir in den verschiedenen Jahreszeiten?

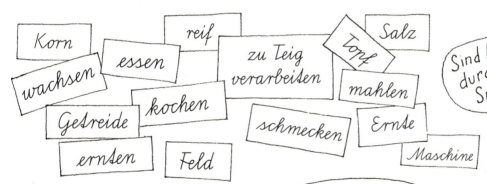

1 ✎ Versuche zu jedem Bild wichtige Wörter zu finden!

2 Lege den entsprechenden Stichpunktzettel auf das zutreffende Bild! Erzähle!

3 ✎ Suche verwandte Wörter zu kochen !

Feld
Ernte
ernten
Topf
kochen

Vom Erdapfel zum Kartoffelbrei

Kartoffelexperimente

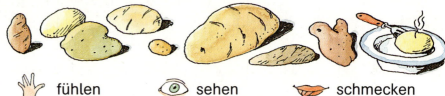

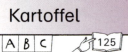 fühlen   👁 sehen   👅 schmecken

Es gibt über 160 Kartoffelsorten.

1   Vergleicht einmal rohe und gekochte Kartoffeln!

| kalt | warm | feucht | mehlig | trocken | weiß |
| gelb | fest | hart | weich | saftig | heiß |

2 ✐ Notiert eure Beobachtungen in einer Tabelle!

roh	*gekocht*
…	…

Teller
Keller
Kartoffel

| A | B | C | ✐ 125

Alles mit Kartoffeln

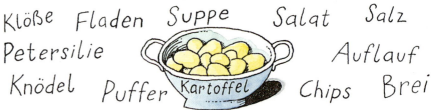

Klöße Fladen Suppe Salat Salz
Petersilie   Auflauf
Knödel Puffer Kartoffel Chips Brei

3 ✐ Schreibe auf, welche Kartoffelgerichte du kennst!

abschmecken   braten
quetschen   würzen

4 ✐ Was könnt ihr mit Kartoffeln tun?

5   Sammelt Rezepte für ein Klassenkochbuch!

Spruch 🎵

Kartoffeln aus dem Keller 🎵 gekocht auf den Teller. 🎵

Peter und Lisa wollen einen Vortrag für Sachkunde vorbereiten:

Wer waren die ersten Kartoffel-esser?

Haben die Menschen schon früher Pommes gegessen?

Enthalten Kartoffeln auch Vitamine?

Wann werden Kartoffeln geerntet?

In einem Lexikon lesen Peter und Lisa:

Bereits vor 2000 Jahren bauten die Indios in Südamerika Kartoffeln an. Seefahrer brachten die Kartoffel nach Europa.
In Deutschland dachten die Menschen zuerst, dass diese Erdäpfel ungenießbar wären.
Heute essen wir fast täglich Kartoffeln.
Die Bauern ernten die vitaminreichen Knollen im Herbst mit großen Maschinen. Jeder gute Koch kennt viele köstliche Kartoffelgerichte.

1 *Welche Fragen können von Peter und Lisa nun beantwortet werden?*

2 *Woran erkennst du die Sätze, in denen von vergangener Zeit berichtet wird? Untersuche die Zeitformen der Verben!*

anbauen

sie bauten an

3 *Trage die Verbformen aus dem Lexikontext in die Tabelle ein und ergänze!*

Gegenwart (Präsens)	Vergangenheit (Präteritum)	Grundform
sie bauen an	sie bauten an	anbauen
sie bringen	...	...

4 *Sammelt auch Fragen zur Kartoffel! Sucht Antworten!*

Tipp: Vortrag

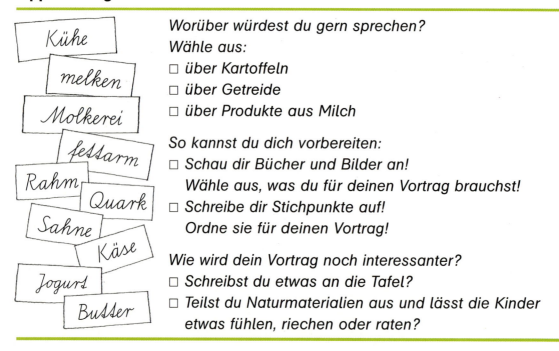

Worüber würdest du gern sprechen?
Wähle aus:
☐ über Kartoffeln
☐ über Getreide
☐ über Produkte aus Milch

So kannst du dich vorbereiten:
☐ Schau dir Bücher und Bilder an!
  Wähle aus, was du für deinen Vortrag brauchst!
☐ Schreibe dir Stichpunkte auf!
  Ordne sie für deinen Vortrag!

Wie wird dein Vortrag noch interessanter?
☐ Schreibst du etwas an die Tafel?
☐ Teilst du Naturmaterialien aus und lässt die Kinder
  etwas fühlen, riechen oder raten?

Die Erde ist unser Haus

Schwarz sind die

Ein erster .

Die Hähne krähen
so schrill und spitz.

Die Vögel zittern
und sind stumm.
Da rollt der Donner
rummbumm,
rummbumm!

Mit und

und schwer

braust das Gewitter
von Westen her.

James Krüss

1   *Lest euch das Gedicht gegenseitig vor!*

2   *Überlegt euch passende Geräusche zum Gedicht!*

3   *Ihr könnt mit dem Kassettenrekorder
     einige Vorträge aufnehmen.*

4   *Schreibe zu den Bildern im Gedicht die Wörter auf!*

Blitz
blitzen
Donner
donnern
Regen
regnen
Gewitter

A B C

Eine Geräusche-Geschichte

Es ist windig.

Es blitzt.

Es donnert weit entfernt.

Ich renne nach Hause.

Es regnet.

Dicke Tropfen klatschen ans Fenster.

Es blitzt und der Donner kommt näher.

Es gießt.

Es hagelt.

Es ist windig.

Ein Tropfen fällt.

Tipp, tipp, tipp...

5   *Spielt die Geschichte mit Geräuschen!
     Macht es so:*
     *Schreibt Erzählkarten! Der Erzähler hebt eine Erzählkarte
     hoch. Die anderen machen dazu mit den Fingern,
     dem Mund oder mit Musikinstrumenten die Geräusche.*

sonnig	heiter	wolkig	bedeckt	Schauer	Regen	Gewitter	Schnee	Nebel

Das Wetter heute

1 ✎ Betrachte die Wetterkarte und schreibe auf, wie das Wetter in drei Städten ist!

Berlin: sonnig, ...

Weitere Aussichten →

Sonntag	Montag	Dienstag	Mittwoch	Donnerstag
12 bis 20 °C	11 bis 19 °C	10 bis 15 °C	11 bis 18 °C	12 bis 20 °C

2 ✎ Wie wird das Wetter in den nächsten Tagen?

Sonntag: Schauer, ...

3 Bringe einen Wetterbericht aus der Zeitung mit! Unterstreiche Wetterwörter!

4 Erfinde einen Wunsch-Wetterbericht für das nächste Wochenende!
Tipp: das Wetter am Tag, in der Nacht, Temperaturen, Niederschläge, Wind

5 Sprecht eure Wetterberichte wie Fernsehsprecher!
Tipp: deutliche Aussprache, freundliches Lächeln

Bilderrätsel

6 ✎ Schreibe die Lösungswörter auf!

Im Juni häufig Blitz und Donner, die bringen einen schlechten Sommer.

Mai, kühl und nass, füllt dem Bauern Scheune und Fass.

7 Das sind Bauernregeln.
Was haben die Bauern beobachtet?

Im Tiergehege

Höhle
hohl

Futter
füttern
Stamm

A B C ✍129

Hier stimmt etwas nicht!

Das Kind	bringt	das Futter.
Der Hund	streichelt	ein Lämmchen.
Der Pfleger	bellt	wütend.
Das Pferd	frisst	Äpfel vom Baum.

1 ✏ *Bringe die Sätze in Ordnung!*
Unterstreiche, wer etwas tut!

Wer streitet sich?
Wer sitzt vor der Höhle?
Wer klettert den Stamm hoch?
Wer leckt sich das Fell?

2   *Betrachte das Bild und beantworte die Fragen!*

3 ✏ *Schreibe die Antworten im Satz auf!*
Unterstreiche die Wörter, nach denen du gefragt hast!

Die beiden Ziegen streiten sich.

4 ✏ *Überlege weitere Fragen zum Bild und beantworte sie!*

Frage so: Wer ...?

Wer bringt das Futter?   **Was** liegt im Korb?
Wer säubert das Gehege?   **Was** schmeckt den Tieren?
Wer sieht bei der Fütterung zu?   **Was** ist leer?

1. *Beantworte die Fragen!*
   Unterstreiche die Wörter, nach denen du gefragt hast!

Mit den Fragen *Wer ... ?* oder *Was ... ?* fragen wir
nach dem Satzgegenstand (Subjekt).
Wer bringt das Futter? Der Pfleger ...
Was liegt im Korb? Birnen und Äpfel ...

Reporter unterwegs

2. *Wo befindet sich in deinem Wohnort ein Tiergehege
   oder Streichelzoo? Welche Tiere leben dort?*

3. *Suche verwandte Wörter zu* pflegen *!*

Korb
Herr
pflegen
leben

Wer heißt wie? 🎵
Herr Ziege 🎵 heißt Bock. 🎵
Aber Herr Fliege 🎵 heißt nicht Flock. 🎵
Frau Pferd 🎵 heißt Stute. 🎵 Frau Truthahn Pute. 🎵
Und vom Schwein die Frau 🎵 heißt ... 🎵

Mira Lobe (Auszug)

Kröten auf Wanderschaft

Susi erzählt:
Am Sonntag fuhren wir im Auto …

Die Kinder haben nicht alles verstanden, sie fragen:
Wer fuhr im Auto?
Was stand am Straßenrand?
Wer stellte Zäune auf?
Wer sammelte Kröten ein?
Wer trug die Kröten im Eimer?

1 ✏ *Beantworte die Fragen!*
Verwende: Mutti und Susi, ein Schild, die Naturschützer, die Naturschützerin, sie .

2 ✏ *Unterstreiche in jedem Satz den Satzgegenstand!*

<u>Mutti und Susi</u> fuhren im Auto.

3 ✏ *Schreibe Susis Erlebnis weiter!*
Du kannst auch die
wörtliche Rede verwenden!

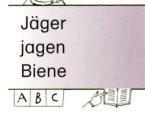
Jäger
jagen
Biene

A B C

Heute ist Konzert

Rate-Spiel: Tiere im Wiesengrund

Stefan und Felix haben Karten beschrieben. Ein Mitschüler
zieht ein Kärtchen. Er darf vorspielen, was er gelesen hat.
Die anderen sollen das Tier erraten.

Ein Frosch hüpft. | Eine Schlange kriecht. | Eine Biene summt. | Ein Schmetterling flattert.

Oh, ein Konzert im Wiesengrund!

☐1 *Stellt auch ein Rate-Spiel her!*
Sucht zu den Verben passende Tiernamen:
zischen, summen, gurren, quaken, schnattern,
brummen, sirren, zirpen .

 summ summ brumm zirp = zirp sirr quak = summ schnatter schnatter quaaak ~ sirr quak zirp brumm sirr

Z *Probiere das Tier-Rate-Spiel auch mit Tieren*
aus dem Zoo, vom Bauernhof, …!

Nanu?

Der Frosch	sitzt	auf eine Fliege.
Die Enten	lauert	auf der Wiese.
Der Jäger	brummen	am Teich.
Die Hummeln	schnattern	auf dem Hochstand.

☐2 ✏ *Stelle die Satzteile richtig zusammen!*
Unterstreiche die Verben doppelt!

Das Verb im Satz nennen wir Satzaussage (Prädikat).
Es sagt etwas über den Satzgegenstand (das Subjekt) aus.

Der Jäger   sitzt   auf dem Hochstand.
Subjekt   Prädikat

 123

1 Was erfährst du aus der Bildergeschichte?

Ein Zeitungsartikel
Toni schreibt:

jede
Kanne
Wanne
Pappe
Menge
Papier
Zeitung

A B C

Unsere Klasse wanderte durch den Wald.

Die Klasse fand: eine Milchkanne, Pappe,   A
Papiertüten, Bonbonpapier, Coladosen, Bierdosen,
einen alten Topf, jede Menge Flaschen
und sogar eine Badewanne.

Die Klasse fotografierte alles.   A

Die Klasse ruft alle Einwohner auf, keinen   A
Müll in den Wald zu kippen.

2 🖊 Überarbeite mit deinem Partner Tonis Entwurf!
   Beachte die Hinweise der Lehrerin!
   A = Ausdruck verbessern

3 🖊 Finde eine Überschrift!

Katjas Entwurf:

Wusstet ihr schon, was Müll im Wald anrichten kann?
Rehe und Hirsche und andere Tiere können sich die Zunge
an Coladosen zerschneiden. <u>Und</u> viele Käfer wollen an den   **A**
Zucker kommen. <u>Und</u> die Käfer finden nicht wieder heraus.   **A**
<u>Und</u> auch Eichhörnchen stecken ihre Köpfe in Dosen und   **A**
Flaschen. <u>Und dann</u> bleiben sie mit dem Kopf stecken.   **A**
Werft keine Dosen in den Wald! Schützt die Tiere!

1 ✎ *Überarbeite auch Katjas Text!*

2 ✎ *Suche eine Überschrift, die Zeitungsleser aufmerksam*
   macht!

Was du tun kannst

Wirf deinen Müll ⸮ in die Mülltonnen, ⸮ nicht auf den Boden! ⸮
Auch Apfelreste wirf ⸮ nicht an den Straßenrand! ⸮
Warum? ⸮ Tiere werden ⸮ von den Resten angelockt.
⸮ Sie können ⸮ überfahren werden. ⸮

Was kommt in den Müll?

verblüht   zerdonnert   zersprungen
zertreten   zerschlagen
verfault verdreht schmutzig fettig zerrissen
verbrannt

3 ✎ *Schreibe Sätze über Dinge,*
  die in den Müll kommen!

Kanne	Pappe	Tonne
W…	M…	S…
Pf…	K…	W…

kurz o
lang –

4 ✎ *Reime mit den Übungswörtern!*
  Kennzeichne den ersten Selbstlaut!

START
1
2
3
[Fisch]
5
6
7
8
[Frosch]
10
11
[Ente]
13
14
15
[Frosch]
17 18 19

ZIEL
34
[Seerose]
32
31
30
[Libelle]
28
27
26
25
24
23
[Schnecke]
21
20

Rund um den Teich – ein Würfelspiel

Jedes Spiel hat seine Regeln:

☐ Wie viele Spieler können sich beteiligen?

☐ Wie wird gewürfelt?

☐ Was ist auf den einzelnen Feldern zu beachten?

☐ Dürfen zwei Spieler auf dem gleichen Feld stehen?

1 ✎ *Denke dir Regeln für dieses Spiel aus!*

2 ✎ *Schreibe Regeln für die grünen Felder auf Spielkarten! Zum Beispiel:*

> Wer am Anfang eine Vier würfelt, darf beginnen, wenn er drei Fischnamen weiß.

> Feld 9 ist der Krötenweg. Der Spieler trägt die Kröte über die Straße und setzt einmal aus.

> Die Ente watschelt zum See zurück – zwei Felder zurück.

> Der Frosch auf Feld 16 entdeckt ein Fliege und springt dabei auf Feld 23 vor.

> Die Libelle fliegt …

3 *Spielt im Buch oder zeichnet das Spiel auf einen großen Bogen Papier oder auf Pappe! Probiert das Spiel mit verschiedenen Regeln, die ihr euch ausgedacht habt!*

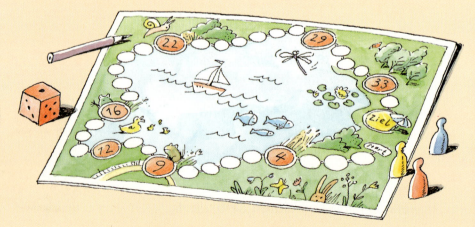

Bei uns und anderswo

Durch Fernsehen die Welt entdecken

1 *Kann man durch Fernsehen die Welt entdecken? Tauscht dazu eure Meinungen aus!*

2 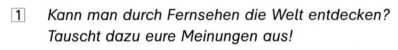 *Male von deiner Lieblingssendung ein Bild und schreibe dazu, warum sie dir gefällt!*

3 *Legt eine Fernseh-Hitliste der Klasse an!*

Wir machen unser Fernsehen selbst
☐ Wer spielt den Reporter?
☐ Wer macht Werbung?
☐ Wer spricht den Wetterbericht?
☐ Wer liest die Nachrichten? Wer …?

4 *Überlegt euch, wie ihr Fernsehen aus der Kiste gestalten könnt!*

5 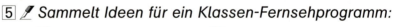 *Sammelt Ideen für ein Klassen-Fernsehprogramm:*

FERNSEHEN AUS DER KISTE

Vor den großen ✾ Fernsehkästen ✾
sitzen Kinder, ✾ Männer, Frauen ✾
Tag um Tag ✾ und Jahr für Jahr ✾
und sie schauen, ✾ schauen, schauen. ✾

Alfons Schweiggert (Auszug)

70

Talkshow im Klassenfernseher

1. *Was hältst du von diesen Meinungen?*

2. *Diskutiert in der Klasse über das Fernsehen!*
   Begründet eure Meinungen!

Verrückte Geschichten mit Fernsehstars

Wer?	Was tun sie?	Wann oder wie lange?	Wo?
Samson und Toni	frieren	jeden Tag	in der Wüste

3. *Schreibe in die erste Spalte, mit welchem Fernsehstar du etwas erleben möchtest!*
   Falte das Blatt nach hinten und gib es weiter!

4. *Lest die verrückten Sätze wie Reporter vor!*

Rund ums Fernsehen

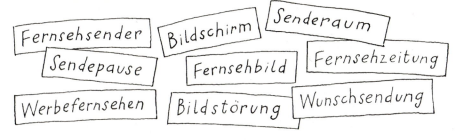

Fernsehsender Bildschirm Senderaum
Sendepause Fernsehbild Fernsehzeitung
Werbefernsehen Bildstörung Wunschsendung

senden
Bild
Fernseher
fernsehen

5. *Drei Wortfamilien haben sich vermischt. Ordne sie!*

Z. *Findest du noch mehr Wörter zu diesen Familien?*

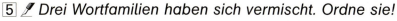

1 *Was ist mit Stefan los?*

MITTWOCH:
Schmökerstunde.
Bringt ein
tolles Buch mit!

er liest

dünn

dick

schlecht

2 *Auf welche Entdeckungsreise hat dich ein Buch geführt?*
Erzähle davon!

Gibt's denn so was?
Auf einem eckigrunden Tisch
liegt ein dünndickes Buch
mit trauriglustigen Geschichten,
die schwerleicht zu lesen sind.

3 ✎ *Wie könnte es sein?*

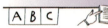

Entdeckungen aus Büchern §
Können Elefanten schwimmen? § Und ob! §
Die dicken Elefanten § schwimmen schneller § als die
dünnen Menschen. § Ein Wettschwimmen wäre lustig. §

Nino und Susi werben im Klassenfernsehen für Bücher

Wer kennt das Buch „Spitze! Höchstleistungen im Tierreich"? Das ist Spitze!

Kann das wahr sein? Ein Räuber klettert aus einem Buch heraus und erlebt spannende Abenteuer.

1   *Welches der beiden Bücher würdest du gern lesen? Begründe!*

2   *Denke dir einen Werbetext für dein Lieblingsbuch aus! Wer den Text liest oder hört, sollte neugierig werden.*

Tipp: Buchvorstellung

☐ Wie heißt der Titel des Buches?
☐ Wer ist die Autorin oder der Autor?
☐ Wovon wird in dem Buch erzählt?
☐ Wähle einen Abschnitt aus und lies ihn vor!
☐ Du kannst auch die Bilder zeigen!
☐ Warum gefällt dir das Buch?

Super! Poster über Lieblingsbücher.

3   *Stelle ein Buch vor, das dir besonders gefällt!*
     Schreibe dir dazu Stichpunkte oder kurze Sätze auf! Nutze den Tipp!

Rekorde im Tierreich?

Der größte Fisch ist der afrikanische Elefant.
Das größte Landtier ist der Walhai.
Das langsamste Säugetier ist der Wanderfalke.
Das schnellste Tier ist das südamerikanische Faultier.

4   *Schreibe die Rekorde richtig auf!*

Z   *Kennst du auch ein Tier mit besonderen Eigenschaften? Lies in einem Tierbuch nach und erzähle!*

Mit der Klasse unterwegs

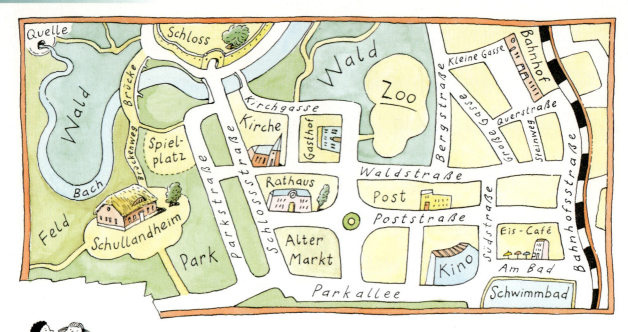

Brücke
Zoo
wohnen
Wohnung
vorbei
vorüber
vorher
gerade
durch

A B C

1 Beschreibe den Weg vom Bahnhof zum Schullandheim!

2 Welche Sehenswürdigkeiten kann die Klasse erkunden?
   ✍ Notiere Wanderziele!

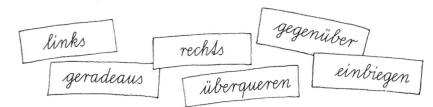

links   rechts   gegenüber   geradeaus   überqueren   einbiegen

3 Wähle ein Wanderziel!
   ✍ Beschreibe den Weg vom Schullandheim dorthin!

Reimspaß beim Wandern

4 ✍ Finde die Reimwörter!

5 ✍ Verwende die Wörter in Wortgruppen!

ein böser Zwerg, eine hölzerne Brücke, …

1 ✏ Schreibe auf, wie Herr Findig den Baum beschreibt!
Unterstreiche die Wörter, die sagen, wie etwas ist!

vor der Schule   vor dem Rathaus   vor dem Schloss

| Linde 1,28m | Pappel 1,75m | Buche 3,45m |

Ort
jung
alt
eng
schmal
breit

| A | B | C |

2 ✏ Vergleiche die Stämme der Bäume!

Der Stamm der Linde ist dick.

... dicker.

... am dicksten.

3 ✏ Vergleiche nun die Kronen der Bäume!

4 Wer findet das älteste Haus, die schmalste Gasse,
die breiteste Brücke in seinem Heimatort?

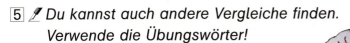

5 ✏ Du kannst auch andere Vergleiche finden.
Verwende die Übungswörter!

Bin ich klüger als du oder am klügsten von allen?

Mit Adjektiven kann man vergleichen:
dick – dicker – am dicksten

 120

	Bob	Sally	Timea
werfen	2,60 m	2,35 m	2,50 m

1 *Vergleiche die Ergebnisse!*
Sally warf weit. Wer warf weiter als Sally?
Wer warf am weitesten?

Es gibt drei Vergleichsstufen.

Grundstufe	Mehrstufe	Meiststufe
weit	weiter	am weitesten

	Bob	Sally	Timea
werfen	2,60 m	2,35 m	2,50 m
springen	0,80 m	1,05 m	0,95 m
Tore	5	4	7
Ergebnisse	6 Punkte	5 Punkte	7 Punkte

hoch
höher
am höchsten
viel
mehr
am meisten
gut
besser
am besten
schmutzig
tüchtig

A B C

Sally schoss viele Tore. Wer schoss mehr Tore als Sally?
Wer schoss die meisten Tore?

2 *Schreibe den ersten Satz ab und beantworte die Fragen!*

3 *Wer sprang am höchsten? Vergleiche!*
Schreibe drei Sätze!

Sally hatte gute Ergebnisse. Bobs Ergebnisse waren ... als
Sallys. Timea erreichte die ... Ergebnisse.

4 *Schreibe ab und ergänze die Sätze!*

Guten Morgen

1. Gu - ten Mor - gen! Dzien Do - bry!

Bon - jour! Good mor - ning!

Bue - nos di - as! Do - bry djen! Gü -

nay - din! Gu - ten Tag!

2. Dzien dobry! sagen die Polen.
   Bon jour! sagen die Franzosen.
   Good morning! sagen die
   Engländer.

3. Buenos dias! sagen die Spanier.
   Dobry djien! sagen die Russen.
   Günaydin! sagen die Türken.
   Ich sage: Hallo! Und du?

Text und Melodie: Meinhard Ansohn

1 *Finde heraus, welche Sprachen im Lied vorkommen!*

2 *Probiert, wie man sich in anderen Sprachen begrüßen kann!*

3 *Erkundet, welche Sprachen in eurer Klasse, in eurem Wohnhaus, in eurem Ort gesprochen werden!*

Zungenbrecher

schwedisch: Packa pappas kappsäck!

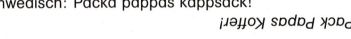

Pack Papas Koffer!

japanisch: Namamugi, namagome, namatamago.

Roher Weizen, roher Reis, rohe Eier.

bitte – danke

4 *Wie heißen diese Wörter in anderen Sprachen?*

Z *Welche Wörter aus anderen Sprachen kennt ihr?*

Memory mit Vergleichsstufen

viel   mehr   am meisten

gut   hoch   hart

leicht   fröhlich   wenig

groß
größer
ein Riese

klein
kleiner
ein Floh

hoch
höher
ein Wolken-
kratzer

1 ☐ Schreibt Adjektive und ihre Vergleichsstufen
auf Kärtchen!

☐ Legt die Kärtchen mit der Schrift nach unten
auf den Tisch!

☐ Eine Karte wird aufgedeckt und vorgelesen.

☐ Wer eine passende Vergleichsstufe hat,
darf anlegen und ein weiteres Kärtchen aufdecken.

☐ Passt das Kärtchen nicht, wird es zurückgelegt
und der nächste Mitspieler ist dran.

Domino mit Gegenteilen

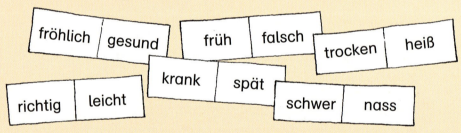

| fröhlich | gesund | früh | falsch | trocken | heiß |

| krank | spät | schwer | nass |

| richtig | leicht |

2 Fertigt ein solches Domino an! Viel Spaß beim Spielen!

Knobelgeschichte

Das sind Peter, Bob, Sally, Enka und Anna.
Sally ist nicht die Größte, aber sie ist größer als Enka, Bob
und Peter. Bob steht neben Peter und ist kleiner als er. Enka
braucht eine Fußbank, um den Lichtschalter zu erreichen,
oder sie muss ihren älteren Bruder Bob um Hilfe bitten.

Richtige Lösung:
Anna, Sally, Peter, Bob, Enka

3 Nenne die Kinder der Größe nach!

Z Ihr könnt selbst solche Knobelgeschichten erfinden!

Die Zeit vergeht

Wasseruhr

Taschenuhr

Sanduhr

Kerzenuhr

Gemessen wird die Zeit seit langem
in Sekunden, Minuten und Stunden.
Einstmals hat ein kluger Mensch
zu diesem Zweck die Uhr erfunden.

Ob Uroma schon an der Hand
'ne Quarzuhr hat getragen,
ist sicherlich erfahrenswert,
du musst nur danach fragen.

Lothar Pfeiffer

Quarzuhr

Sonnenuhr

Wecker

Pendeluhr

Wo bleibt die Zeit?

Keine Zeit

 **1** Schreibe die Fragen und Antworten aus den Sprechblasen in wörtlicher Rede mit Begleitsätzen!

„Keiner hat Zeit", sagt Peter, „dabei ist doch so viel Zeit da."
Aber die Erwachsenen haben oft keine Zeit.
Peter möchte gern immer Zeit haben. „Ich werde mir Zeit sammeln und sie aufheben, bis ich groß bin."

 **2** Sprecht über Peters Idee!
Diskutiert auch folgende Fragen:

3 Bilde zusammengesetzte Substantive!
Schreibe sie mit Artikel auf!

 **4** Was machst du in deiner Freizeit?

So vergesslich?

Opa sucht seine Uhr. Wo kann sie nur sein? Auf dem Regal
oder im Schubfach? Vielleicht liegt sie hinter den Büchern?
Da kommt Lisa herein: „Ein Glück, Opa, dass ich deine Uhr
hatte. Sonst hätte ich mich bestimmt verspätet!"

1 *Wie wird der Opa reagieren?*

Er ist über Lisas
Verhalten enttäuscht.

Er ist froh, dass die Uhr
wieder da ist.

Er ist zornig, weil Lisa
ihn nicht gefragt hat.

2 *Wählt einen Lösungsvorschlag und spielt die Geschichte
vor! Habt ihr noch andere Lösungsvorschläge?*

3 *Ist dir schon einmal etwas Ähnliches passiert?
Beschreibe, was du gefühlt hast!*

Opa suchte lange nach seiner Uhr.
… dem Fernseher, … dem Papierkorb, … dem Schrank,
… dem Blumentopf, … dem Badezimmer, … dem Keller,
… dem Stuhl

4 *Setze ein:* an, in, unter, auf, hinter !

5 *Wo hätte er noch suchen können?*

Zeit
Uhr

Früher und heute

Mit der Pferdekutsche fuhren die Leute
in die Stadt.
Im Krämerladen kauften sie alles,
was sie brauchten.
Auf den Feldern arbeiteten die Bauern
mit Sensen, Rechen und Heugabeln.
Die Kinder spielten auf der Straße
mit Reifen, Murmeln, Kreiseln
und Steckenpferden.

Mit Straßenbahnen, Bussen oder
Autos fahren die Leute in die Stadt.
Im Supermarkt kaufen sie alles,
was sie brauchen.
Auf den Feldern arbeiten die Bauern
mit großen Landmaschinen.
Die Kinder spielen auf Abenteuer-
spielplätzen und mit Computern.

[1]   *Woran erkennst du, welcher Text von heute*
      und welcher von früher erzählt?

[2]   *Untersuche die Verben in beiden Texten!*
      Kennzeichne die Veränderungen!

      sie fuhren – sie fahren, ...

Wir tun es heute – sie taten es früher schon
schlafen, essen, lesen, schreiben, reisen, wohnen, wandern,
tanzen, gehen, laufen, rufen, sitzen

[3]   *wir schlafen – sie schliefen*

Schon bekannt?

Verben können
vergangenes Ge-
schehen darstellen
(Präteritum).
Sie sagen auch,
was jetzt
geschieht
(Präsens).

119

Ein Winterabend 🕯 **im Jahr 1920** 🕯
Alle sitzen in der Küche. 🕯 Oma stopft Strümpfe. 🕯
Opa liest Zeitung. 🕯 Die Mutter strickt 🕯 einen Schal. 🕯
Vater möchte fernsehen. 🕯 Ob er das kann? 🕯

MINI-
KRIMI

Immer andere Vornamen?

1 ✎ Erkunde, welche Vornamen es in deiner Familie gibt oder gab!

Meine Mutti heißt …

Mein Uropa hieß …

Z In einem Vornamen-Wörterbuch könnt ihr etwas über Herkunft und Bedeutung der Namen erfahren.

Übungswörter-Memory

2 ✎ *Schreibt die Übungswörter auf Kärtchen!*
Beim Aufdecken müssen Gegenwarts- und
Vergangenheitsform eines Verbs zusammenpassen.

gehen
er ging
heißen
sie hieß
reißen
es riss
gerissen
passen
es passte
messen
er misst
er maß

Reime!

3 ✎ heißen   essen   das Kissen
    b…   m…   w…
    r…   verg…   der B…

4 ✎ Schreibe die Verben auch in der Du-Form gereimt auf!

5 Prüfe in den Übungswörtern die Selbstlaute vor ss und ß!
Was stellst du fest?

ei, au, eu, äu sind Zwielaute.

Man schreibt ß nur nach langem Selbstlaut
oder Zwielaut. 128

Heinzelmännchen gibt es nicht

Zeigt her eure Füße

Zeigt her eu - re Fü - ße, zeigt her eu - re Schuh
und se - het den flei - ßi - gen Wasch - frau - en zu:
1. Sie wa - schen, sie wa - schen, sie waschen den gan - zen Tag.

2. Sie spülen ...   4. Sie hängen ...   6. Sie legen ...
3. Sie wringen ...   5. Sie bügeln ...   7. Sie ruhen ...

[1] *Singt das Lied und stellt die Tätigkeiten dazu dar!*

[2] *Woran erkennst du, dass dieses Kinderlied
schon sehr alt ist?
Frage deine Oma, wie Wäsche gewaschen wurde,
als sie noch Kind war! Beschreibe es!*

[3] ✎ *Beschreibe, wie heute bei dir zu Hause
Wäsche gewaschen wird!
Nutze die Übungswörter und Stichpunkte für deine Sätze!*

zuerst
zuletzt

wä<u>hl</u>en
Wa<u>hl</u>

A B C ☞ 129

Programm wählen   Waschpulver einfüllen

Maschine einschalten

saubere Wäsche herausnehmen

Wäsche sortieren   in die Trommel legen

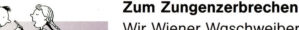

Zum Zungenzerbrechen
Wir Wiener Waschweiber ⸘ würden weiße Wäsche waschen, ⸘
wenn wir wüssten, ⸘ wo warmes Wasser wäre. ⸘

Z *Bilde auch lange Sätze, in denen alle Wörter mit dem
gleichen Buchstaben beginnen!*

1 ✏ Welche Tätigkeiten erledigt die Maschine?

sie wäscht, ...

2 ✏ Welche Elektrogeräte gibt es bei dir zu Hause?
Schreibe eine Liste!

3 ✏ Frage Oma oder Opa, was es davon in ihrer Kindheit
schon gab! Kreuze es in deiner Liste an!

bei uns	früher
Computer	–
Radio	×
...	...
...	...

Erfinderwettbewerb

4 ✏ Wähle eine Erfindung aus! Schreibe einen Werbespot!
Welche Erfindung hat die meisten Vorzüge?

5 ✏ Welche Maschine würdest du gern erfinden?
Gib ihr einen Namen! Schreibe auf, was sie kann!

Wörterdetektive

Kühleisen, Staubmaschine, Kaffeesauger, Mikrospüler,
Geschirrwelle, Bügelschrank

6 ✏ Welche Elektrogeräte sind hier versteckt?

Kaffee
Tee

Maschine
wischen
Mensch
Schrank

„Die Schnell-
laufmaschine"
eine Erfindung
des Freiherrn
von Drais
im Jahre 1817

1 ✎ *Beschreibe das Laufrad!*

2 *Vergleiche das Laufrad mit deinem Fahrrad!*
Finde dabei gleiche und unterschiedliche Teile!

Rad
Fahrrad
Fahrt
Fahrer
Fahrerin

Wörterdetektive

rasen · sausen · rennen · bummeln · flitzen · trödeln · brausen · spazieren · schleichen

3 ✎ *Ordne die Kärtchen den Adjektiven*
schnell oder langsam zu!

Ich schaffe mit meinem Rad 2 km in 10 Minuten.

Ich bin schneller als du. Ich fahre in 1 Stunde 10 km.

4 ✎ *Hat Boris Recht? Prüfe und schreibe auf, wer schneller ist!*

Stellen wir beim Vergleichen einen Unterschied fest,
verwenden wir das Vergleichswort als und ein Adjektiv in
der Mehrstufe: Ich bin schneller als du.

Eine Radtour mit diesem Drahtesel?

Dreiunddreißig Drahteseltreter treten dreihundertdreiunddreißig Mal die Drahteseltretkurbel.

1️⃣ ✏️ *Welche Teile fehlen? Schreibe ihre Bezeichnung auf Kärtchen! Lege sie am Bild an!*

2️⃣ *Erkläre, wozu die Teile am Fahrrad wichtig sind!*

Ein toller Drahtesel

Der Sattel	surrt.
Der Dynamo	schrillt.
Die Klingel	klappert.
Das Schutzblech	knarrt.

Sattel
Kette
treten

A B C

3️⃣ ✏️ *Welche Satzteile passen zusammen?*

überlaufen fahren
Wettlauf
Gefahr Auto Fähre Fahrt
Lauf

Fahrzeug
laufen
Läufer gefährlich
Turnschuhe
verlaufen Fahrer Roller

4️⃣ ✏️ *Welche beiden Wortfamilien kannst du finden?*
Welche Wörter gehören nicht zur Familie?
Kennzeichne in allen Wörtern den Wortstamm!

1 Welches Ballspiel, Kreisspiel oder Seilspiel kennst du?
Erkläre dein Spiel!

Himmel und Hölle

Wirf den Stein ins erste Kästchen!

Die Hölle darfst du nicht betreten.

Den Stein musst du mit dem Fuß immer ins nächste Kästchen schubsen.

Im Himmel kannst du dich ausruhen, dann springst du wieder zurück.

Tritt nicht auf die Linien!

Die nächste Runde beginnt im 2. Kästchen, dann im 3. und so weiter.

Himmel
Hölle
9
8
6   7
5
3   4
1   2

Kreis
nächste
Himmel
draußen
zurück

A B C

2 Die Kinder wollen Boris das Spiel erklären.
Jeder ruft etwas anderes.
Schreibe daraus eine Anleitung, so dass Boris
das Spiel versteht und mitspielen kann!

Abzählverse für viele Spiele

> Ich bin Peter, du bist Paul.
> Ich bin fleißig, du bist faul.
> ..., ..., ...,
> du bist frei.

> ..., ..., ..., ..., ...,
> strick mir ein Paar Strümpf,
> nicht zu groß und nicht zu klein,
> sonst musst du der Fänger sein.

> ..., ..., ..., ..., ..., ..., ...,
> eine alte Frau kocht Rüben,
> eine alte Frau kocht Speck,
> und du musst weg!

> Ich hätte da
> einige Tipps.

1 ✐ Welche Wörter fehlen in den Versen?
Schreibe den letzten Vers vollständig auf!

2 Für welche Spiele kann man diese Verse gebrauchen?

Z ✐ Schreibe deinen Lieblings-Abzähl-Vers auf!

3 ✐ Welches Spiel spielst du am liebsten?
Schreibe dafür eine Anleitung!
Nutze den Tipp auf Seite 38!
Reicht dieser Tipp für dein Lieblingsspiel aus?

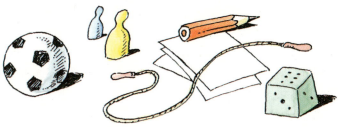

4 Tauscht eure Anleitungen in den Gruppen aus!
Probiert, ob ihr danach spielen könnt!
Gebt euch Hinweise zur Überarbeitung
der Spielanleitung!

Schwierige Turmbesteigung

Ein Würfelspiel
für 2 bis 4 Spieler

32 vergessen	33 füttern	34 genommen
31 mm	30 besser	29 schütteln · 28 ss
25 gesessen	26 Blatt	27 brummen
24 tt	23 gegessen	22 Zimmer
19 glatt	20 klettern	21 fett
18 ss	17 Schlüssel	16 zusammen
13 schlimm	14 Himmel	15 wissen
12 tt	11 Kasse	10 kämmen
7 Gewitter	8 aufpassen	9 satt
6 ss	5 Stamm	4 mm
1 sammeln	2 Kette	3 messen

Ereignisfelder

8 Verwende
das Wort in
einem Satz!

11 Suche ein
Reimwort!

22 Suche ein
zusammengesetz-
tes Substantiv!

33 Suche ein
verwandtes Wort!

Spielverlauf:
☐ *Beklebt einen Würfel so: 2 mal tt, 2 mal ss, 2 mal mm*
☐ *Gewürfelt wird reihum.*
☐ *Wer zuerst* mm *würfelt, darf seine Figur auf Feld 1 stellen,
wenn er die gekennzeichnete Aufgabe richtig lösen kann.*
☐ *Um auf Feld 2 zu kommen, muss* tt *gewürfelt und ebenfalls
eine Aufgabe gelöst werden.*
☐ *Bei einem Feld, auf dem nur der doppelte Mitlaut steht,
muss ein passendes Wort gefunden werden.*
☐ *Kann einer die Aufgabe nicht lösen, darf er sich vom letzten
Spieler helfen lassen.*

Traumhaftes – Zauberhaftes – Erstaunliches

zum Geburtstag viel Glück

Die Kuh, die saß im Schwalbennest

Die Kuh, die saß im Schwalbennest
mit sieben jungen Ziegen.
Die feierten Geburtstagsfest
und fingen an zu fliegen,
muh, muh, meck, ia, und fingen an zu fliegen.

Der Esel zog Pantoffeln an,
ist übers Haus geflogen.
Und wenn das nicht die Wahrheit ist,
so ist es doch gelogen,
muh, muh, meck, ia, so ist es doch gelogen.

Gustav Falke

Mutig, gruslig oder gefährlich?

1 Was könnte Katja geantwortet haben?
Teilt euch gegenseitig eure Gedanken dazu mit!

Katja erzählt ihr Erlebnis:

Erst war es richtig gemütlich. Mit der Taschenlampe habe ich noch ein paar Seiten gelesen. Doch dann wurde die Batterie schwach. Draußen war es inzwischen ganz dunkel geworden. Irgendwo schrie ein Käuzchen. Ich verkroch mich unter meiner Bettdecke und lauschte. Plötzlich knisterte und knackte etwas. Am liebsten wollte ich schreien. Dann wollte ich nachschauen. Aber an der Zeltwand entdeckte ich riesige Schatten. Ich zitterte und vor Angst wurde mir schlecht. Da nahm ich meinen ganzen Mut zusammen, rannte aus dem Zelt und …

2 🖋 Denke dir einen Schluss für die Geschichte aus!

3 Lest euch euren Schluss gegenseitig vor!
Passt er zur Geschichte? Ist er spannend?
Helft euch beim Überarbeiten!

4 Katja hat ihr Erlebnis spannend erzählt. Mit welchen Stellen im Text ist ihr das besonders gut gelungen?

Z 🖋 Erzähle eine eigene Nacht- oder Traumgeschichte!

Geheimnisvolle Geräusche

1. ✏ Sammelt Wörter für Geräusche, die in der Nacht
   Angst machen!

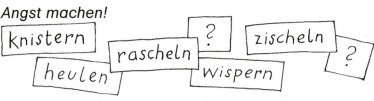

knistern

rascheln   ?   zischeln

heulen   wispern   ?

2. Versucht die Geräusche nachzuahmen!
   Nehmt sie auf eine Kassette auf!

3. ✏ Was raschelt, klopft, knistert, …?

   Ein Igel raschelt. Regentropfen klopfen. …

4. Die Sätze in Aufgabe 3 bestehen nur aus Subjekt und
   Prädikat.

   ✏ Du kannst sie ergänzen, wenn du das Geräusch genauer
   beschreiben willst.

   Ein Igel raschelt leise im Gras. …

   Regentropfen klopfen an das Fenster. …

Wer w8 in der N8
und m8 dazu
ein schauerliches „Uhu, uhu"?

5. ✏ Lies und löse das Rätsel!

Wörterdetektive

Nachtisch

Nacht   nächtlich   übernachten   Weihnachten

6. Welches Wort gehört nicht zur Familie?
   Warum gehört es nicht dazu?

   ✏ Schreibe die vollständige Wortfamilie auf!

Na<u>ch</u>t
Da<u>ch</u>
leu<u>ch</u>ten

allein
müde
klopfen
Gras

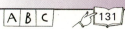

A B C   ✏ 131

1 Gebt den Fluggeräten fantasievolle Namen!
Kennst du ähnliche Fluggeräte von heute?
Tauscht eure Meinungen aus!

Reise
fliegen
es flog
Flugzeug

Hub-	-flug-	Ra-	Se-	-fäh-	-ber
-schrau-	-gel-	-lin	-pe-	-zeug
-re	Zep-	-te	-ke-	Raum-

2 Im Silbenrätsel haben sich fünf Fluggeräte versteckt.
Schreibe ihre Namen auf!
Wenn du einige davon nicht kennst, informiere dich!

So stand es in der Zeitung:

Unfreiwilliger Flug
Die neunjährige Lisa ließ ihren Drachen steigen. Er stieg immer
höher. Plötzlich kam ein Flugzeug. Es verfing sich in der Drachen-
schnur. Lisa wurde in die Höhe gerissen. Sie ließ die Schnur los und
plumpste auf die Erde. Zum Glück war ihr nichts passiert.

3 Stell dir vor, du beobachtest dieses Ereignis gerade
in diesem Moment. Spiele Radioreporter
und gib den Zuhörern einen spannenden Bericht!

Interessante Ballons

ein Huhn und eine Ente waren die ersten Fluggäste in einem Ballon

Otto Lilienthal 1903 mit eigenem Hängegleiter als Erster flog erfolgreich

1969 landeten erstmals auf dem Mond Menschen

1. Welche Botschaften kannst du auf den Ballons lesen?

2. 🖊 Probiere, ob du die Satzglieder auch anders anordnen kannst!

Z Wie erfüllte sich der Traum vom Fliegen für die Menschen?
🖊 Schreibe dazu einen kleinen Text!
Nutze auch die Aussagen in den Ballons!

Kennst du die Geschichte vom fliegenden Robert?

fliegen   durch die Wolken   immerfort
Schirm und Robert   dort

3. 🖊 Schreibe mit den Schirm-Wörtern einen Satz!
Wie steht es in der Geschichte?
Besorge dir das Buch „Der Struwwelpeter" und lies nach!

Kann das ein Flugzeug sein? 🔑
Es hat zwei Flügel 🔑 und kann nicht fliegen. 🔑
Es hat einen Rücken 🔑 und kann nicht liegen. 🔑

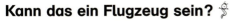

1 *Warum denkt jedes Kind an eine andere Blume?*
Überlegt, welche Angaben zum sicheren Erkennen der Blume notwendig sind!

Nino beschreibt genauer:
Meine Lieblingspflanze blüht ab April auf Wiesen und an Wegrändern. Sie hat leuchtend gelbe Blüten.
Die Blätter sind gezahnt. Die Pflanze wird etwa 15 cm groß.
Aus jungen Blättern kann man Salat zubereiten.
Die Pflanze wird auch Pusteblume genannt.

2 *Welche Pflanze hat Nino beschrieben?*
Gibt es noch andere Namen für diese Blume?

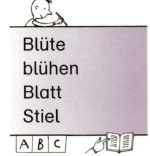

Blüte
blühen
Blatt
Stiel

A B C

3 *Ergänze den Stichpunktzettel mit Angaben aus Ninos Text!*

Größe der Pflanze: Farbe der Blüten:
Blütezeit: Form der Blätter:
Standort: Besonderheiten:

Ein Spiel für Pflanzenexperten

4 *Bringt eure Lieblingspflanze oder ein Bild davon mit. Legt sie auf einen Tisch. Jeder beschreibt seine Pflanze auf einer Karte. Alle Karten werden eingesammelt, gemischt und verteilt. Die Beschreibung wird vorgelesen.*

Aber nicht den Namen verraten!

Eine zauberhafte Verwandlung

– Weibchen	– Raupen	– Raupen fressen	– fertiger Schmet-
– Eier legen	– entwickeln sich	– spinnen sich ein	terling schlüpft
– unter ein Blatt	– schlüpfen aus	– verpuppen sich	aus der Puppe

1   Wie entwickelt sich ein Schmetterling?
    Erkläre es, nutze die Bilder!

2 ✎ Schreibe die zauberhafte Verwandlung auf!
    Die Stichpunkte können dir helfen.

Ob aus mir auch mal ein Schmetterling wird?

Schmetterlingsnamen

Zitronenfalter   Schwalbenschwanz   Admiral   Tagpfauenauge

3   Beschreibt die Schmetterlinge und sucht nach
    Erklärungen für ihre Namen!

Gefräßige Raupen

aus   legen   ab   auf   schlüpfen   über
hin   fressen   durch

4 ✎ Probiert, mit welchen kleinen Wörtern man die Verben
    zusammensetzen kann! Verwendet sie in Sätzen!

Erstaunliche Experimente

Spuk im Wohnzimmer

Anne sitzt im Sessel und liest. Es ist ganz still.

Plötzlich ein Geräusch: klack, klack.

Ob es spukt? Vorsichtig geht Anne zum Fenster.

Immer noch klackt es so. Mutig schaut sie hinter die Gardine.

Na so etwas. Es sind Erbsen, die aus einem Glas

auf einen Blechdeckel fallen. Nino steht in der Tür und lacht.

„Wie hast du das gemacht?", fragt Anne.

Nino erklärt es ihr:

Glas mit Erbsen füllen, auf einen Blechdeckel stellen

Wasser aufgießen

nach einer Weile

Erbsen quellen, fallen aus dem Glas auf den Deckel

1 ✏ Beschreibe, wie die Erbsen „spuken" können!
Nutze die Stichpunkte!

2 Erbsen quellen im Wasser. Kann man das auch bei Glas,
Keksen, Bohnen, Metall und Reis beobachten?
✏ Probiert es und schreibt eure Beobachtungsergebnisse
auf:
Glas quillt nicht. Kekse …

<u>qu</u>ellen
<u>Qu</u>elle
<u>qu</u>er
<u>Qu</u>ark

Eine Quelle — ist ein Milchprodukt.

Quark — ist der Beginn eines Flusses.

3 ✏ Ordne die Satzteile richtig zu!

Theresa erklärt: „Es ist ganz einfach. Du musst nur Zucker in Wasser auflösen und einen Faden hineinhängen. Daran wächst dann der Kristall."
Doch Boris hat es nicht ganz verstanden.
Er möchte noch wissen:
„Muss ich warmes oder kaltes Wasser nehmen?"

1.   *Was muss man noch wissen? Stelle deine Fragen!*

2.   🖋 *Schreibe nun eine vollständige Anleitung!*
     Nutze folgende Angaben:

3 Esslöffel Zucker   1 Glas warmes Wasser

Bleistift quer über das Glas legen   kurzen Faden am Bleistift befestigen

hängen
be-
beobachten

A B C

Z   *Probiert das Experiment aus!*

3.   *Auch aus Salz kannst du Kristalle gewinnen.*
     Stelle dazu eine flache Schale mit starkem Salzwasser
     auf die warme Heizung!
     Beobachte täglich, was passiert!
     🖋 *Halte deine Ergebnisse schriftlich fest!*

Datum	Uhrzeit	Beobachtung
10. 6.	15 Uhr	etwas Wasser ist verdunstet
11. 6.	…	…

Manchmal wär ich gern …

1 *Sprecht über die Wünsche der Kinder!*

Lisa wäre gern ein Schmetterling.
Sie schreibt in Stichpunkten auf, was ihr dazu einfällt:

manchmal
möchten
vielleicht
sicher
nichts

A B C   131

2 ✎ *Versuche daraus eine Geschichte zu schreiben!*

3 *Möchtest du auch manchmal jemand anders sein?*
Was würdest du dann tun?
✎ *Schreibe dazu Stichpunkte auf!*

Wäre ich ein Elefant! ✏
Ich könnte mit den Füßen stampfen ✏ und ohne zu fragen ✏
nach Äpfeln langen. ✏
Aber ich müsste ✏ drei Meter Zähne putzen. ✏

Wäre ich eine Giraffe!

Wäre ich ein … !

Wäre ich ein Löwe!

Wäre ich ein Fisch!

1 ✏ *Beschreibe auch Vor- und Nachteile in einer*
Wäre-ich-ein-…-Geschichte!

Einfach tierisch

so stark wie ein Bär   so … wie ein Löwe

so fleißig wie eine Biene   so … wie ein Reh

so … wie ein Fuchs   so … wie eine Laus

2 ✏ *Ergänze die Wortgruppen mit passenden Eigenschaften!*
Wähle aus!

langsam, schlau, schnell, feige, mutig, scheu, winzig

rund
frei
glatt
braun
tief
böse
satt
frisch
gelb
hart
süß

Stellen wir beim Vergleichen keinen Unterschied fest,
verwenden wir die Vergleichswörter
so … wie oder genauso … wie .
Das Adjektiv dazu steht in der Grundstufe.
so störrisch wie ein Esel

3 ✏ *Finde noch andere Vergleiche!*
Nutze dazu die Übungswörter!

so hart wie Stein, …

Geheimnisvolle Geräusche – seltsame Geschichten

Die Kinder sitzen ganz still mit geschlossenen Augen.
Peter reißt ganz langsam ein Blatt Papier durch.
Was war das?

[1] *Macht es ebenso: Einer macht ein Geräusch,*
die anderen raten, was es war.
    □ *Tür oder Fenster öffnen und schließen*
    □ *einen Stift auf den Tisch fallen lassen*
    □ *an der Tafel schreiben*
    □ *eine Schere öffnen und schließen*

[2] *Nehmt die Geräusche auf eine Kassette auf!*
Spielt sie anderen Kindern vor und lasst raten!

Die Geschichte vom fliegenden Robert

Wenn der Regen niederbraust,
wenn der Sturm das Feld durchsaust,
bleiben Mädchen oder Buben
hübsch daheim in ihren Stuben.
Robert aber dachte: Nein!
Das muss draußen herrlich sein!
Und im Felde patschet er
mit dem Regenschirm umher.

1.
2.
Klapp!
3.
Plitsch, platsch!
4.

[3] *Einer liest, die anderen untermalen*
den Text mit Geräuschen.

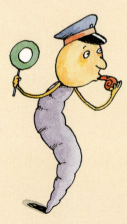

Eine Geschichte ohne Worte

Ein Zug nähert sich und hält an. Ein Mann steigt aus.
Der Schaffner pfeift. Der Zug fährt ab. Ein Hund bellt. Es
beginnt zu regnen. Der Wind heult. Der Mann läuft eilig davon.

[4] *Stellt jeden Satz nur mit Geräuschen dar!*

Blätter an meinem Kalender

Seht, wie der Herbst kommt!

November ∫ ist ein trüber Kerl, ∫
er liebt ∫ den Nieselregen ∫
und lässt den Wind ∫ mit Herbstblättern ∫
durch graue ∫ Pfützen fegen. ∫

Grit Baginski

1 Male das Wetter, das die Strophe beschreibt!

Z ✎ Du kannst das Bild und den Text für ein
Jahreszeiten-Buch verwenden.

Schließe die Augen und erinnere dich, was du
an einem Tag im Herbst gesehen, gehört, gefühlt,
geschmeckt, gerochen oder getan hast!

er steigt
die Schnur reißt
Drachen
er fliegt
weg war er

süß   pflaumenkuchen
Pflaumen
gegessen   saftig

2 ✎ Sammle Wörter zu deinen Erinnerungen an den Herbst!

3 ✎ Schreibe mit deinen Wörtern eine Geschichte!

Pfü<u>tz</u>e
Mü<u>tz</u>e
grau

A B C   ✎ 128

Ich bin grün und werde braun.
Ich trage ein Hütchen und falle vom Baum.
(Die Eichel)

Z ✎ Erfinde selbst ein Herbsträtsel oder ein Herbstgedicht!

Tolles Drachen-Wind-Wetter

Darauf hatte Boris schon lange gewartet. Aber er konnte nicht wissen, was an diesem Tag geschehen sollte …

1 *Was könnte passiert sein? Erzähle weiter!*

Silbenrätsel

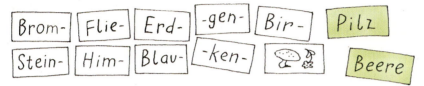

2 ✏ *Welche Silben passen zusammen?*
Finde vier Namen für Beeren und drei für Pilze.

3 ✏ *Rahme alle Wörter mit* ee *ein!*
Suche ee-Wörter im Wörterverzeichnis!

wehen
ge-
gegangen
genommen
gewesen
gefallen
es zog
Beere
Pilz
A B C

Tipp: Würfeldiktat

1. Würfle und lies den Satz!
2. Schreibe ihn aus dem Gedächtnis auf!
3. Kontrolliere mit der Vorlage!

Pudelnass

☐ Ich bin mit meinem Freund durch den Wald gegangen.
☐ Ein starker Wind wehte.
☐ Es gab viele Pilze und Beeren.
☐ Ich hörte es donnern.
☐ Dicke, dunkle Wolken zogen herauf.
☐ Die ersten Regentropfen fielen herab.

4 ✏ *Schreibe das Würfeldiktat!*

1. Wo treffen sich die Kinder jeden Mittwoch
   und was können sie dort machen?

Eine Bastelanleitung: Duftorange

Orangen, die man mit Gewürznelken spickt, entwickeln einen
wunderbaren Duft, der sich wochenlang fein verbreitet.
Stecke in eine kleine frische Orange Gewürznelken!
Wenn du mit einer Nadel ein Band befestigst,
kann man die Duftorange im Zimmer aufhängen.

2. Entnimm der Anleitung:
   ☐ Was kann man basteln?
   ☐ Was braucht man dazu?
   ☐ Wie wird es gemacht?

3. Du kannst eine Duftorange herstellen
   und verschenken!

4. ✎ Welche Bastelei kannst du für eure Weihnachtswerkstatt
   vorschlagen?

Wichtel im Klassenzimmer

Geheimnisvolle Dinge geschehen: Auf Inas Platz liegen ein paar Plätzchen, Tonis Bleistifte sind nach der Pause plötzlich angespitzt …

Ihr könnt in eurer Klasse auch wichteln oder einen Julklapp machen.

Dieses Wichtelspiel geht so:

☐ Jeder schreibt seinen Namen auf ein Stück Papier.
☐ Dann werden die Namen wie Lose gezogen.
☐ Für das Kind auf dem Los bist du der Wichtel.
☐ Alles bleibt geheim!

Knifflige Pakete

Band
Weihnachten
basteln
Stern
Fest
Verkehr

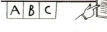

1 ✒ *Finde zusammengesetzte Substantive!*

Z ✒ *Sammle noch mehr Weihnachts-Wörter! Zeichne dazu und gestalte eine Seite für das Jahreszeiten-Buch!*

2 *Ladet eure Großeltern in der Vorweihnachtszeit in eure Klasse ein! Überlegt, wie der Nachmittag verlaufen soll!*

3 ✒ *Schreibe eine Einladung!*

Winterzeit

Schlitten fahren, ❄ warme Mützen, ❄
zugefroren sind die Pfützen. ❄
Weihnachtsmänner, ❄ Schneeballschlacht, ❄
Schneemann staunt, ❄ Schneefrau lacht. ❄
Steife Pfoten, ❄ rote Nase, ❄
Schlittschuh fährt der Osterhase. ❄

Anne Steinwart

1 ✎ *Suche Wörter heraus, die zum Winter gehören!*
   Fallen dir noch mehr Wörter ein? Ergänze!

2 *Male ein Winterbild! Du kannst das Bild und das Gedicht*
   in das Jahreszeiten-Buch einordnen!

WILLIWILLDENWINTERWETTERREISEBERICHTLESEN

3 ✎ *Erkennst du, was Willi will? Schreibe den Satz auf!*

4 ✎ *Welche Substantive stecken in dem „Bandwurmsatz"?*

schneien
frieren
gefroren

Schneefall

Heute ✳✳✳✳ es den ganzen Tag. Gestern hatte es zum
ersten Mal ✳✳✳✳. Ob es morgen wieder ✳✳✳✳ wird?

5 ✎ *Ergänze die Sätze! Benutze das Wörterverzeichnis!*

Wer läuft in der Sonne weg?

Welche Blume findest du
in keinem Garten?

Warum darf man
am Nordpol keine
blaue Brille
aufsetzen?

Weil man die Eisbären sonst
als Blaubeeren sieht.

6 ✎ *Wer oder was kann das sein?*

1 *Vor mehr als 400 Jahren malte Pieter Breughel das Bild „Jäger im Schnee".*
Beschreibt, was ihr auf dem Bild entdeckt!

Diese Wörter erzählen vom Winter:
frieren, schneien, rodeln, schlittern,
füttern, rutschen, glatt, dicke Eiszapfen,
Schneebälle werfen, genau zielen, ins Ziel treffen.

2 *Woran erinnern dich diese Wörter? Schreibe Sätze!*

3 *Was machst du im Winter am liebsten?*

Schnee	Eis
Schneeball	Eislauf
Schneeballwurf	Eislauftanz
Schneeballwurfmaschine	Eislauftanzmusik

werfen
genau
zielen
Ziel

4 *Schreibe ab oder denke dir selbst Wörterberge aus!*

Wir begrüßen den Frühling

1 **Was entdeckt ihr? Beschreibt das Frühlingsbild!**

Jetzt fängt das schöne Frühjahr an 🎵
und alles fängt zu blühen an 🎵
auf grüner Heide 🎵 und überall.

jetzt
Schlüssel

Schlüs-	-blu-	-sel-	-stern	-glöck-
-me	Blau-	-chen	Schnee-	🐛

2 ✎ Finde die drei Blumennamen!

3 ✎ Welche Farben braucht ein Frühlingsmaler?
   Schreibe die Adjektive auf!

11, elf,
die Elf…
Ich dichte
das Elfchen mit
11 Wörtern.

rot
die Blüte
sie öffnet sich
ich schaue ins Innere
wunderbar

gelb
die Sonne
sie scheint warm
ich darf Kniestrümpfe tragen
Frühling

4 ✎ Wähle eine Farbe! Schreibe ein Frühlings-Elfchen!
   Du kannst es in das Jahreszeiten-Buch einordnen.

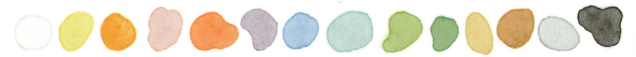

Die Vögel wollten Hochzeit machen ...

... in dem grünen Walde.
Die Drossel war der Bräutigam, die Amsel war die Braut.
Die Gänse und die Anten, das warn die Musikanten.
Der Pfau mit seinem bunten Schwanz
macht mit der Braut den ersten Tanz.
Brautmutter war die Eule,
nahm Abschied mit Geheule.
Nun ist die Vogelhochzeit aus
und alle ziehn vergnügt nach Haus.

1 *Ihr könnt das Lied singen und tanzen.*
   Welche Rolle würdest du gern spielen?

Frühlingsbräuche

Die Vogelhochzeit ist ein
alter sorbischer Brauch. Er
wird am 25. Januar gefeiert.
Die Kinder verkleiden sich
als Vögel. Mit Liedern und
Tänzen bedanken sie sich
bei den Menschen, die in
den harten Wintertagen den
Vögeln Futter gaben.

2 *Warum wird der Tag der Vogelhochzeit begangen?*

3 *Welche Frühlingsbräuche kennt ihr? Informiert euch bei*
   euren Eltern, Großeltern oder in Büchern!

Ein Eskimomädchen
mit blauschwarzem Haar
steckt sein Stupsnäschen
aus einer Schneehaus-Tür
und ruft: „Ein Mercedes!"
Alle stürzen zu ihr.
Rings liegt Grönland weiß und still.
Das kleine Mädchen schreit:
„April, April!"

Josef Guggenmos

1   *Könnte der Aprilscherz auch bei uns erzählt werden?*

2 ✐ *Wie hast du schon einmal jemanden in den April geschickt?*

Lehrer: „Was weißt du über den Löwen?"

Oliver: „Er ist gelb, hat eine Mähne und schreibt sehr schlecht!"

Lehrer: „Wie kommst du denn auf diesen Unsinn? Ein Löwe kann doch nicht schreiben!"

Oliver: „In meinem Tierbuch steht: Der Löwe hat eine furchtbare Klaue!"

3   *Lies den Witz so oft, bis du ihn so erzählen kannst, dass die anderen darüber lachen!*

Z   *Ihr könnt einen Wettstreit machen: Wer erzählt den besten Witz?*

Scherzfrage
Womit isst der Chinese Fisch?

4   *Wenn du die Antwort nicht findest, überlege, womit der Chinese immer isst oder sieh auf Seite 144 nach!*

Muttertag – Frauentag

Liebe Mutti!

Liebe Mutti, du bist nicht allein.
ich weiß: Du musst immer fleißig sein.
Du musst immer einkaufen,
du musst immer hin - und herlaufen.
Du arbeitest immerzu
und hast kaum Ruh.
Du kochst heute Nudeln,
während wir in der Gegend rumdudeln.
Doch bald komme ich zurück,
und wünsche dir lauter Glück.

von Stephan Kl. 3 a

Wenn du froh bist,
lacht dein Mund.
Wenn du traurig bist,
sagst du kein Wort.
Wenn du fröhlich bist,
machen wir zusammen Spaß.
Wenn du müde bist,
lasse ich dich ausruhen.

Dein Tim

Oma
deine Augen
sie gucken freundlich
ich fühle mich wohl
geborgen

1. *Muttertag wird am zweiten Sonntag im Mai gefeiert, am 8. März ist Frauentag. Was ist der Unterschied? Unterhaltet euch darüber!*

2. *Du kannst zu diesen Anlässen Glückwunschkarten gestalten. Wem willst du eine Karte schenken?*

Wir filmen

Die Kinder der Klasse 3 drehen einen Videofilm.
Ihre Geschichte hat fünf Bilder.

Nino spricht den Text.
Alle anderen Kinder machen passende Geräusche.

Theresa ist die Kamerafrau.
Sie richtet die Kamera genau auf das erste Bild.

Willi ist der Aufnahmeleiter.
Er gibt das Zeichen für den Beginn der ersten Aufnahme.

Theresa lässt die Kamera laufen, Nino beginnt zu sprechen,
nach jedem Satz machen die anderen Kinder die Klänge
und Geräusche.

Versucht es selbst einmal!

☐ Malt für jeden Teil eurer Geschichte ein Bild!
☐ Schreibt zu jedem Bild eine Erzählkarte!
☐ Probiert passende Geräusche und Klänge!

Ferienwünsche

Endlich wieder 🐛 Ferien machen, 🐛
spät am Morgen 🐛 aufzuwachen, 🐛
ohne Wecker 🐛 aufzustehen! 🐛
Ferien sind 🐛 wunderschön. 🐛

Endlich 🐛 auf die Schule pfeifen! 🐛
Wieder durch 🐛 die Wälder streifen, 🐛
abends spät 🐛 zu Bette gehen. 🐛
Ferien sind 🐛 wunderschön. 🐛

Rolf Krenzer

1 ✏ *Worauf freust du dich?*

AUTO-FAHR-FERIEN-SPIELE

Wer mit dem Auto in die Ferien fährt, muss oft lange still
sitzen. Hier sind Spielideen für lange Autofahrten.

Diese Orte gibt es wirklich! Schau im Autoatlas nach!

Wolfsburg
Ziegenhain
Ochsenhausen
Krötenbruch
Katzenhahn
Hühnerhof
Krähenwinkel
Schneckenhausen
Waldkatzenbach
Froschhausen
Ziegenberg

2 ✏ *Viele Tiere haben sich in diesen Ortsnamen versteckt.
Finde sie heraus!*

3 *Mit Autokennzeichen kannst du auch Wörter finden
oder Sätze bilden.*

HAL-AD 399
– Hugo angelt leider alte Dosen.
– Hanne albert lieber als Dieter.

RÜG-EN 70

L-AN 7936   HH-LW 850   B-RG 167

Hier ist etwas durcheinander

1. *Suche das erste Bild, erzähle dazu!*

2. *Wie geht die Geschichte weiter? Richtig geordnet ergeben die Buchstaben auf den Bildern ein Wort.*

3. *Was könnte der Sohn sagen, als er aufwacht?*

4. *Überlege, was zwischen den Bildern geschehen könnte!*

5. *Schreibe die Bildergeschichte auf!*

6. *Lest euch die Geschichten gegenseitig vor! Gebt euch Hinweise!*

Vater und Sohn von e. o. Plauen

Substantive (Nomen)

1 ✎ *Welche Personen siehst du auf dem Bild?*
Schreibe die Substantive in der Einzahl und
in der Mehrzahl auf!
die Mutter – die Mütter, ...

2 ✎ *Was wünschen die Eltern ihren Kindern?*
viel Sonne, viel ...
Unterstreiche die Substantive!

Substantive (Nomen) sind Bezeichnungen für Lebewesen
und Gegenstände. Es können auch Bezeichnungen für
Gefühle, Wünsche oder Wettererscheinungen sein.

Substantive verwenden wir in der **Einzahl** oder **Mehrzahl**.
Artikel (Begleiter) des Substantivs sind:
der, die, das, ein, eine.

3 ✎ *Kennst du noch andere Substantive, die Gefühle oder*
Wettererscheinungen bezeichnen?

EINEFAHRTMITVIELSONNENSCHEINOHNEREGENUNDGEWITTERISTUNSERWUNSCH

4 ✎ *Schreibe die Substantive mit Artikel auf!*

1 ✏ *Welche Wörter beschreiben, was die Kinder tun?*
Kennzeichne die Endungen! rennen, klettern, ...

Verben beschreiben, was Lebewesen und Gegenstände tun.
Sie haben einen **Wortstamm** und eine **Endung**.
Die Grundform der Verben hat die Endung -en oder -n.

Wer ist gemeint?
Er rennt. Sie springen mit dem Seil. Sie klettert. Er hüpft.

2 ✏ *Ersetze die Pronomen* er *und* sie *durch Namen!*
Der Hund rennt. Tim und Tom ...

Pronomen (Fürwörter) können für Substantive stehen.
Pronomen sind: ich, du, er, sie, es, wir, ihr, sie.

sie winkt, du wirfst, er schiebt, ich ziele, sie hängen, ihr turnt
3 ✏ *Schreibe die Verben mit ihrer Grundform auf!*
Kennzeichne die Endungen!
er schreit – schreien, ...

Die Grundform des Verbs ändert sich im Satz:
rennen – Der Hund rennt. Er rennt.
Diese Form nennen wir **gebeugte Verbform**.

1 *Was machst du gern auf dem Spielplatz?*

✐ Schreibe einige Verben so auf:

Grundform	gebeugte Verbform
rennen	ich renne

2 *Was hast du gestern alles gemacht?*

✐ Schreibe einige Verben so auf:

Grundform	gebeugte Verbform
lesen	ich las

Verben geben an,
ob etwas in der **Gegenwart** geschieht (Präsens) oder
ob etwas in der **Vergangenheit** geschah (Präteritum).

Toni tut es heute und er tat es gestern:
schlafen, sitzen, schneiden, ziehen, wissen, stoßen, heben .

3 *✐ Schreibe so!*

Gegenwart	Vergangenheit
er schläft	er schlief

4 *Vergleiche die Wortstämme der Verben!*

Adjektive

Speech bubbles: "Das Bett ist größer als meins zu Hause." — "Es ist aber auch ein bisschen härter..." — "Ganz schön hoch! Es ist höher als mein Hochbett zu Hause." — "...und viel schmaler!"

Wie sind die Betten im Schullandheim?

1 ✏ *Schreibe die Adjektive aus den Sprechblasen in der Grundstufe auf!*

Speech bubble: "Ich bin müde, müder, todmüde..."

> **Adjektive** sagen, wie etwas ist. Mit Adjektiven können wir genauer beschreiben oder vergleichen.
> Es gibt drei **Vergleichsstufen**:
> Grundstufe   Mehrstufe   Meiststufe

Wie vergleichen die Kinder ihre Betten?

2 ✏ *Lege eine solche Tabelle an und trage die Adjektive ein!*

Grundstufe	Mehrstufe	Meiststufe
hoch	höher	am höchsten

dick, dünn, leicht, schwierig, tüchtig, tief, weit, eng, schlimm

3 ✏ *Trage auch diese Adjektive in die Tabelle ein!*

gesund, der Schmutz, die Gesundheit, schmutzig, ungesund,
verschmutzt, beschmutzen, kerngesund

1 ✎ *Finde zwei Wortfamilien!*
   Unterstreiche die gemeinsamen Wortstämme!

Hand + Tuch = Handtuch   ab + trocknen = abtrocknen
hell + blau = hellblau   waschen + Raum = Waschraum

2 ✎ *Suche auf dem Bild weitere zusammengesetzte Wörter!*
   Zerlege sie in ihre Wortbausteine!

Zu einer Wortfamilie gehören Wörter mit einem gemeinsamen Wortstamm.

> Wörter kann man **zusammensetzen**.
> Sie verändern dann ihre Bedeutung.

spritzen, wischen, schütten, ziehen, stoßen

3 ✎ *Verändere die Bedeutung dieser Verben durch Vorsilben!*
   Verwende: ver-, zer-, be-, er- *!*

gerade, sicher, genau, wahr, richtig

4 ✎ *Wie verändert sich die Bedeutung dieser Adjektive,*
   wenn du die Vorsilbe un- *davor setzt?*

unmöglich:
verbieten
zerstören
beschimpfen
ermahnen

-ig   Salz – salzig   -lich   Freund – freundlich

5 ✎ *Bilde weitere Adjektive mit den Nachsilben* -ig *und* -lich *!*
   Verwende: Ecke, Lust, Fleiß, Punkt, gelb, braun, Heimat *!*

> be-, ver-, zer-, er- und un- sind **Vorsilben**.
> -ig und -lich sind **Nachsilben**.
> Mit Vorsilben und Nachsilben kann man neue Wörter bilden.

-ig   -lich

Im Mittelalter   wohnten   Ritter   in der alten Burg.

1 ✎ Schreibe den Satz ab und stelle die Satzglieder um!
   Wie viele Möglichkeiten findest du?

2 ✎ Unterstreiche in allen Sätzen das Verb!
   An welcher Stelle im Satz steht es?

3 ✎ Was stellst du fest, wenn der Satz mit einem Verb beginnt?

Ein Satz besteht aus **Satzgliedern**.
Satzglieder kann man umstellen.

Subjekt und Prädikat

Was steht seit 500 Jahren auf dem Berg?

Wer wandert heute zur alten Burg?

1 ✏ *Beantworte die Fragen!*
   Unterstreiche das Satzglied, das die Antwort gibt!

> Nach dem **Subjekt** (Satzgegenstand) fragen wir:
> „Wer …?" oder „Was …?"

Die Ritter kämpften mit Lanze, Schild und Schwert. Sie trugen eiserne Rüstungen im Kampf. Sie ritten auf starken Pferden.

2 ✏ *Schreibe die Sätze ab! Unterstreiche, was die Ritter taten!*

> Das Verb im Satz ist das **Prädikat** (Satzaussage).

Die Kinder besichtigen. Willi staunt. Anika bewundert.

3 ✏ *Verstehen wir das schon richtig? Ergänze die Sätze!*
   Unterstreiche Subjekt und Prädikat verschieden!

Wer ruft? Wer staunt? Wer fragt? Wer antwortet?

☐1 ✎ *Schreibe die Unterhaltung in wörtlicher Rede auf!*

> Die **wörtliche Rede** wird in Anführungszeichen gesetzt.
> Der Begleitsatz sagt, wer spricht und wie er spricht.
> Nach dem Begleitsatz steht ein Doppelpunkt.
>
>

Timea fragt: „Wollen wir auf den Turm steigen?"

☐2 ✎ *Was könnten die Kinder antworten?*
  Was könnten sie noch fragen, sagen oder rufen?
  Schreibe es in wörtlicher Rede auf!
  Kontrolliere, ob du die Zeichen richtig gesetzt hast!

still, öffnen, Kaffee, Quelle, Kartoffel, allein, schaffen, Keller, Stall, stellen, treffen, Wolle

1 ✎ Ordne die Wörter nach dem Abc!

2 ✎ Trage sie in eine solche Tabelle ein! Kennzeichne die kurzen Selbstlaute!

ff	ll
...	...

3 ✎ Suche alle Verben heraus! Schreibe neben die Grundform eine gebeugte Form!
öffnen – er öffnet, ...

4 ✎ Zu welchen Substantiven findest du Reimwörter?

Doppelter Mitlaut steht nur nach kurzem Selbstlaut.

Kanne, Himmel, brennen, Kamm, sammeln, Stamm, dünn, gewinnen, brummen, Zimmer

1 ✎ Ordne die Wörter nach dem Abc! Kennzeichne die kurzen Selbstlaute!

2 ✎ Zu welchen Wörtern findest du Reimwörter!

3 ✎ Was für Zimmer kennst du? Schreibe zusammengesetzte Substantive!

4 ✎ Was kann dünn sein? Schreibe Wortgruppen!

er kam nicht – der Kamm
das Samenkorn – zusammen
der Kahn – sie kann lesen
die Düne – er ist dünn

Pappe, Treppe, kippen, Herr, Blatt, satt, glatt, Fett, Kette, fett, klettern, schütteln, füttern, Gewitter, schütten

1 ✎ *Ordne die Wörter so:*
Substantive: …
Verben: …
Adjektive: …

2 ✎ *Welche* Blätter *kennst du?*
Schreibe zusammengesetzte
Substantive!

3 ✎ *Was kann* satt, glatt, *oder* fett
sein? Schreibe Wortgruppen!

4 ✎ *Zu welchen Wörtern findest du*
Reimwörter?

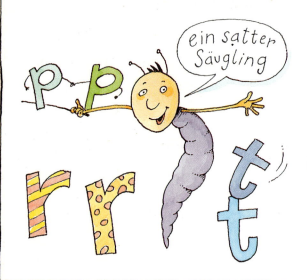

Schlüssel, nass, Kasse, besser, der Riss, gerissen, gebissen, gesessen, wissen, vergessen, gegessen, messen, aufpassen

1 ✎ *Schreibe alle Verben in der*
Grundform untereinander!
Beachte, was der Bücherwurm
sagt!

2 ✎ *Schreibe neben die Grundform*
die Ich-Form in der Vergangenheit!
reißen – ich riss, …

3 ✎ *Kennzeichne die kurzen Selbst-*
laute vor ss mit . *, die langen*
Selbstlaute und Zwielaute vor ß
mit _ *!*

4 ✎ *Zu welchen Wörtern findest du*
Reimwörter?

Pilz, Herz, glänzen, stürzen, tanzen, Schwanz, Kerze, Salz

Nach l, n, r, das merke ja, steht nie tz und nie ck.

1 ✎ Ordne die Wörter der Länge nach! Übermale `lz, nz, rz` !

2 ✎ Suche zu den Verben verwandte Substantive!
glänzen – der Glanz, …

3 ✎ Zu welchen Substantiven findest du verwandte Adjektive mit den Nachsilben `-ig` oder `-lich` ?

Gurke, Punkt, Mark, denken, Quark, Werk, stark, Schrank, Marke, Wolke

1 ✎ Ordne die Wörter so:
lk: …
nk: …
rk: …
Übermale `lk, nk, rk` !

2 ✎ Schreibe das Adjektiv in seinen drei Vergleichsstufen auf!

3 ✎ Suche zu dem Verb verwandte Wörter!

4 ✎ Zu welchen Substantiven findest du verwandte Adjektive mit den Nachsilben `-ig` oder `-lich` ?

jetzt, schmutzig, Brücke, blitzen, Zucker, Pfütze, spritzen, schmecken, Jacke, dick, Rock, Rücken, Stock, Stück, pflücken, trocken, zurück, Mütze, zuletzt

1 🖊 Dein Partner diktiert dir die Wörter. Trage sie in die Tabelle ein!

ck	tz
...	...

Kennzeichne die kurzen Selbstlaute vor ck und tz !

2 🖊 Zu welchen Verben findest du Reimwörter?

3 🖊 Suche zu jedem Adjektiv das Gegenteil!

4 🖊 Welche Substantive bezeichnen Kleidungsstücke?

---

sie saß, er ließ, er aß, sie weiß, er maß, er stieß, sie vergaß, draußen, süß, heiß, Gruß, grüßen, fleißig, beißen, Straße

Ich saß und aß und vergaß zu grüßen.

1 🖊 Zu welchen Wörten findest du Reimwörter!

2 🖊 Schreibe die gebeugten Verben mit ihrer Grundform auf! Kennzeichne die langen und die kurzen Selbstlaute!
sie saß – sitzen, ...

3 🖊 Von welchen Verben kannst du mit den Vorsilben zer-, ver-, er- oder be- neue Verben ableiten?
sitzen – besitzen, ...
Unterstreiche die langen Selbstlaute oder Zwielaute vor ß !

blühen, drehen, froh, fröhlich, höher,
Kuh, Reh, Reihe, wehen, Weihnachten,
ziehen

1 🖋 Ordne die Wörter so:
Substantive: …
Verben: …
Adjektive: …
Unterstreiche den langen
Selbstlaut vor h !

2 🖋 Schreibe die Substantive in der
Einzahl und in der Mehrzahl auf!
Übermale das h !

3 🖋 Schreibe neben die Grundform
der Verben eine gebeugte Verbform! Kennzeichne den Wortstamm!
blühen – sie blüht

Blumen blühen,
Wolken ziehen,
fröhlich drehen sich
Mühlen im Wind.

Haha!

Fahrt, ähnlich, kühl, Höhle, Uhr, Stuhl,
Verkehr, wahr, wählen, Fahrrad, hohl,
Wohnung, Lehrerin

1 🖋 Lass dir die Substantive diktieren!
Ergänze die Mehrzahl

Einzahl	Mehrzahl
…	…

Unterstreiche den langen Selbstlaut vor h !

2 🖋 Suche verwandte Wörter zu Fahrt
und Wahl !

3 🖋 Wie könnte es sein?
ein hohles Bild
ein ähnlicher Zahn
ein wahrer Tag
eine kühle Geschichte

er blieb, er schrie, sie liest, sie schien, er schlief, er hielt, sie schrieb, er fiel, frieren, schieben, Papier, tief, verlieren, vielleicht, gratulieren, Ziel, schwierig, spazieren

ein tiefer See, eine schwierige Aufgabe

1 ✎ *Schreibe die gebeugten Verben mit ihrer Grundform auf!*
er blieb – bleiben, …

2 ✎ *Welche Verben stehen in der Grundform? Schreibe neben die Grundform die Er-Form in der Vergangenheit!*
frieren – er fror, …

3 ✎ *Was für* Papier *kennst du?*

4 ✎ *Was kann* schwierig *sein? Was kann* tief *sein? Schreibe Wortgruppen!*

Paar, paar, Haar, leer, Schnee, See, Beere, Kaffee, Tee, Boot, Zoo

1 ✎ *Ordne die Wörter nach dem Abc!*

2 ✎ *Kennzeichne die langen Selbstlaute!*

3 ✎ *Welche* Boote *kennst du? Welche* Beeren *kennst du? Schreibe zusammengesetzte Substantive!*

4 ✎ *Was kann* leer *sein? Schreibe Wortgruppen!*
ein leerer Teller, …

Rad, Berg, Feld, Korb, schlagen, Band,
Freund, heben, halb, gelb, Wand, rund,
genug, Bild, Flugzeug, gesund, leben,
schreiben

1 🖊 Schreibe die Substantive in der
Einzahl und in der Mehrzahl auf!
Unterstreiche b, d, oder g!

2 🖊 Schreibe neben die Grundform
der Verben eine gebeugte Verbform! Übermale in allen Formen
b, d, oder g!
pflegen – er pflegt, ...

3 🖊 Was kann halb, gelb, rund oder
gesund sein?
Schreibe Wortgruppen!
ein halber Apfel, ...

*Ich verlängere:
das Rad – die Räder*

Dach, er brachte, Berichtigung, leicht,
kochen, freundlich, besuchen, Nacht,
Woche, Loch, schlecht, beobachten,
sprechen, sicher, gleich, nächste,
manche, manchmal, leuchten, Licht

1 🖊 Schreibe die Verben in der Grundform untereinander!
Schreibe eine gebeugte Verbform
in der Vergangenheit daneben!
bringen – sie brachte, ...

2 🖊 Suche zu jedem Adjektiv das
Gegenteil!

3 🖊 Schreibe die Substantive in der
Einzahl und in der Mehrzahl auf!

4 🖊 Was machst du manchmal?
Was machst du nächste Woche?
Wen besuchst du besonders
gern?

Mir geht ein Licht auf!

Pfütze, hüpfen, Pferd, pflegen, Topf, pflanzen, Apfel, pflücken, Kopf, klopfen

1 ✎ Lies alle Wörter und merke sie dir! Decke sie ab! Schreibe auf, was du dir gemerkt hast!

2 ✎ Ordne die Wörter nach dem Abc!

3 ✎ Schreibe die Substantive in der Einzahl und in der Mehrzahl auf!

4 ✎ Denke dir einen Satz mit möglichst vielen Pf -Wörtern aus!

Ich pflücke Pflaumen, Pfirsiche und Äpfel.

Stiel, sparen, Stern, Stift, sprechen, Stelle, Stunde

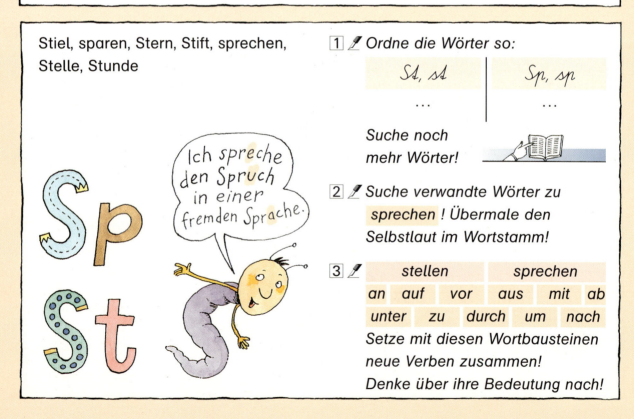

Ich spreche den Spruch in einer fremden Sprache.

1 ✎ Ordne die Wörter so:

St, st	Sp, sp
…	…

Suche noch mehr Wörter!

2 ✎ Suche verwandte Wörter zu sprechen ! Übermale den Selbstlaut im Wortstamm!

3 ✎

stellen			sprechen		
an	auf	vor	aus	mit	ab
unter	zu	durch	um	nach	

Setze mit diesen Wortbausteinen neue Verben zusammen!
Denke über ihre Bedeutung nach!

A, a

ab
aber
acht
der **Advent**
ähnlich
alle
allein
als
also
alt, älter, am ältesten
am
an
die **Ananas**
and(e)re
ändern
der **Anfang,** die Anfänge
anfangen, sie fängt an,
sie fing an, angefangen
der **Apfel,** die Äpfel
die **Apfelsine,** die Apfelsinen
der **April**
die **Arbeit,** die Arbeiten
arbeiten, er arbeitet
der **Arbeiter,** die Arbeiter
der **Arzt,** die Ärzte
die **Ärztin,** die Ärztinnen
auch
auf
die **Aufgabe,** die Aufgaben
aufpassen, sie passt auf,
aufgepasst
der **August**
aus
das **Auto,** die Autos

Suche Wörter, die Personen bezeichnen!

B, b

das **Baby,** die Babys
backen, sie backt oder
sie bäckt, sie backte,
gebacken
der **Bäcker,** die Bäcker
das **Bad,** die Bäder
baden, er badet, gebadet
die **Bahn,** die Bahnen
bald
der **Ball,** die Bälle
die **Banane,** die Bananen
das **Band,** die Bänder
die **Bank,** die Bänke
basteln, sie bastelt,
gebastelt
bauen, er baut, gebaut
der **Bauer,** die Bauern
der **Baum,** die Bäume
die **Beere,** die Beeren
bei
beide
das **Bein,** die Beine
beißen, er beißt, er biss,
gebissen
bellen, er bellt, gebellt
beobachten,
sie beobachtet
der **Berg,** die Berge
der **Bericht,** die Berichte
berichten, er berichtet
berichtigen,
sie berichtigt
die **Berichtigung,**
die Berichtigungen
besser, am besten
beste, bester, bestes
der **Besuch,** die Besuche
besuchen, er besucht
das **Bett,** die Betten
bewegen, sie bewegt
die **Biene,** die Bienen
das **Bild,** die Bilder

bin, ich bin, du bist,
er ist, wir sind, ihr seid
binden, er bindet,
er band, gebunden
die **Birne,** die Birnen
bis
bitten, sie bittet, sie bat,
gebeten
das **Blatt,** die Blätter
blau
bleiben, es bleibt,
es blieb, geblieben
der **Blitz,** die Blitze
blitzen, es blitzt, geblitzt
blühen, sie blüht, geblüht
die **Blume,** die Blumen
die **Blüte,** die Blüten
bohren, er bohrt, gebohrt
das **Boot,** die Boote
böse
brauchen, er braucht,
gebraucht
braun
breit, breiter,
am breitesten
brennen, es brennt,
es brannte, gebrannt
der **Brief,** die Briefe
bringen, sie bringt,
sie brachte, gebracht
das **Brot,** die Brote
die **Brücke,** die Brücken
der **Bruder,** die Brüder
brummen, sie brummt,
gebrummt
das **Buch,** die Bücher
bunt, bunter, am buntesten
der **Bus,** die Busse
die **Butter**

Schreibe Wörter, die Fahrzeuge benennen!

C, c

der **Comic,** die Comics
der **Computer,**
die Computer

D, d

da
dabei
das **Dach,** die Dächer
danach
danken, er dankt,
gedankt
dann
daran
darauf
darin
darüber
darum
darunter
das
dauern, es dauert,
gedauert
die **Decke,** die Decken
decken, er deckt,
gedeckt
dein, deine, deiner
dem
den
denken, sie denkt,
sie dachte, gedacht
denn
der
deutsch
der **Dezember**
dich
dick, dicker, am dicksten
die
der **Dienstag,** die Dienstage
dies
dir
doch
der **Donner,** die Donner

donnern, es donnert,
gedonnert
der **Donnerstag,**
die Donnerstage
das **Dorf,** die Dörfer
dort
draußen
drehen, er dreht, gedreht
drei
drücken, sie drückt,
gedrückt
du
dunkel, dunkler,
am dunkelsten
dünn, dünner,
am dünnsten
durch
dürfen, er darf, er durfte

E, e

die **Ecke,** die Ecken
ein, eine, einer
einige
einmal
eins
das **Eis**
die **Eltern**
endlich
eng, enger, am engsten
die **Ente,** die Enten
er
die **Ernte,** die Ernten
ernten, sie erntet,
geerntet
erste
erzählen, er erzählt
es

essen, er isst, ihr esst,
er aß, gegessen
etwas
euch
euer

F, f

die **Fahne,** die Fahnen
fahren, es fährt, es fuhr,
gefahren
der **Fahrer,** die Fahrer
die **Fahrerin,** die Fahrerinnen
das **Fahrrad,** die Fahrräder
die **Fahrt,** die Fahrten
fallen, er fällt, er fiel,
gefallen
falsch
fangen, sie fängt,
sie fing, gefangen
fassen, er fasst, gefasst
fast
der **Februar**
fehlen, sie fehlt, gefehlt
der **Fehler,** die Fehler
die **Feier,** die Feiern
feiern, er feiert, gefeiert
fein, feiner, am feinsten
das **Feld,** die Felder
das **Fenster,** die Fenster
die **Ferien**
fernsehen, ich sehe fern,
ich sah fern, ferngesehen
der **Fernseher,**
die Fernseher
fertig

Suche Wörter, die zu einer Wortfamilie gehören!

Suche Wörter, in denen ein doppelter Mitlaut vorkommt!

das **Fest,** die Feste
fest, fester
das **Fett,** die Fette
fett, fetter, am fettesten
das **Feuer,** die Feuer
der **Film,** die Filme
finden, er findet,
er fand, gefunden
der **Fisch,** die Fische
die **Flasche,** die Flaschen
das **Fleisch**
der **Fleiß**
fleißig, fleißiger,
am fleißigsten
die **Fliege,** die Fliegen
fliegen, er fliegt, er flog,
geflogen
fort
fragen, sie fragt,
sie fragte, gefragt
die **Frau,** die Frauen
frei
der **Freitag,** die Freitage
freuen, er freut sich,
gefreut
der **Freund,** die Freunde
freundlich
der **Frieden**
frieren, sie friert, sie fror,
gefroren
frisch, frischer,
am frischesten
froh
fröhlich
früh, früher, am frühesten
der **Frühling**

für
der **Fuß,** die Füße
das **Futter**
füttern, er füttert,
gefüttert

G, g

die **Gabel,** die Gabeln
die **Gans,** die Gänse
ganz
der **Garten,** die Gärten
geben, sie gibt, sie gab,
gegeben
der **Geburtstag,**
die Geburtstage
das **Gedicht,** die Gedichte
gefallen, sie gefällt,
sie gefiel
gehen, er geht, er ging,
gegangen
gelb
das **Geld,** die Gelder
das **Gemüse,** die Gemüse
genau, genauer,
am genauesten
genug
gerade
gern, lieber, am liebsten
das **Geschenk,**
die Geschenke
die **Geschichte,**
die Geschichten
das **Geschirr**
gestern
gesund
die **Gesundheit**
gewesen
gewinnen, er gewinnt,
er gewann, gewonnen
das **Gewitter,** die Gewitter
glänzen, es glänzt,
geglänzt
glänzend

das **Glas,** die Gläser
glatt, glatter,
am glattesten
gleich
das **Gras,** die Gräser
gratulieren, er gratuliert
grau
groß, größer,
am größten
grün
die **Gruppe,** die Gruppen
der **Gruß,** die Grüße
grüßen, er grüßt
die **Gurke,** die Gurken
gut, besser, am besten

H, h

das **Haar,** die Haare
haben, sie hat, sie hatte,
gehabt
halb, halbe, halbes
der **Hals,** die Hälse
halten, ich halte, er hält,
er hielt, gehalten
die **Hand,** die Hände
hängen, es hängt,
es hing, gehangen
hart, härter, am härtesten
der **Hase,** die Hasen
das **Haus,** die Häuser,
(nach, zu Hause)
heben, er hebt, er hob,
gehoben
das **Heft,** die Hefte
heim
die **Heimat**
heiß, heißer,
am heißesten
heißen, er heißt, er hieß
helfen, er hilft, er half,
geholfen
hell, heller, am hellsten
her

	herauf
	heraus
der	**Herbst**
	herein
der	**Herr,** die Herren
	herüber
	herunter
das	**Herz,** die Herzen
	heute
	hier
der	**Himmel,** die Himmel
	hinaus
	hinein
	hinten
	hinter
	hoch, höher,
	am höchsten
der	**Hof,** die Höfe
	hohl
die	**Höhle,** die Höhlen
	holen, sie holt, geholt
das	**Holz,** die Hölzer
	hören, sie hört
der	**Hort,** die Horte
die	**Hose,** die Hosen
der	**Hund,** die Hunde
	hüpfen, er hüpft, gehüpft
der	**Hut,** die Hüte

I, i

ich
ihm
ihn
ihnen
ihr
im
immer
in
innen
ins
ist

J, j

ja
die **Jacke,** die Jacken
jagen, er jagt, gejagt
der **Jäger,** die Jäger
das **Jahr,** die Jahre
der **Januar**
jede, jeder, jedes
jetzt
jung, jünger,
am jüngsten
der **Junge,** die Jungen
der **Juli**
der **Juni**

K, k

der **Kaffee**
der **Kalender,** die Kalender
kalt, kälter,
am kältesten
der **Kamm,** die Kämme
kämmen, er kämmt,
gekämmt
die **Kanne,** die Kannen
die **Karte,** die Karten
die **Kartoffel,** die Kartoffeln
die **Kasse,** die Kassen
der **Kasten,** die Kästen
die **Katze,** die Katzen
kaufen, er kauft,
gekauft
kein, keine, keiner
der **Keller,** die Keller
kennen, er kennt dich,
er kannte dich, gekannt
die **Kerze,** die Kerzen
die **Kette,** die Ketten
das **Kind,** die Kinder
das **Kino,** die Kinos
kippen, er kippt, gekippt
die **Kiwi,** die Kiwis
die **Klasse,** die Klassen

das **Kleid,** die Kleider
klein, kleiner,
am kleinsten
klettern, du kletterst,
geklettert
klopfen, er klopft,
geklopft
der **Koch,** die Köche
kochen, er kocht,
gekocht
die **Köchin,** die Köchinnen
der **Koffer,** die Koffer
kommen, sie kommt,
sie kam, gekommen
können, er kann,
er konnte, gekonnt
der **Kopf,** die Köpfe
der **Korb,** die Körbe
kosten, es kostet,
gekostet
krank
die **Krankheit,**
die Krankheiten
der **Kreis,** die Kreise
der **Kreisel,** die Kreisel
die **Küche,** die Küchen
der **Kuchen,** die Kuchen
die **Kuh,** die Kühe
kühl, kühler,
am kühlsten
kurz, kürzer,
am kürzesten

Suche Wörter, die Personen oder Tiere bezeichnen!

L, l

lachen, sie lacht, gelacht
die **Lampe,** die Lampen
lang, länger, am längsten
lange
langsam
lassen, sie lässt,
sie ließ, gelassen
laufen, er läuft, er lief,
gelaufen
laut, lauter, am lautesten
leben, er lebt, gelebt
lecken, sie leckt, geleckt
leer
legen, sie legt, gelegt
der **Lehrer,** die Lehrer
die **Lehrerin,** die Lehrerinnen
leicht, leichter,
am leichtesten
leise, leiser, am leisesten
lernen, sie lernt, gelernt
lesen, er liest, er las,
gelesen
letzte, letzter, letztes
leuchten, es leuchtet,
geleuchtet
die **Leute**
das **Licht,** die Lichter
lieben, er liebt, geliebt
das **Lied,** die Lieder
liegen, es liegt, es lag,
gelegen
linke, linker, linkes
links
das **Loch,** die Löcher
der **Löffel,** die Löffel
lösen, er löst, gelöst
die **Lust**
lustig, lustiger,
am lustigsten

Schreibe von dieser Seite alle Wörter ab, in denen ein Umlaut vorkommt!

M, m

machen, er macht,
gemacht
das **Mädchen,** die Mädchen
der **Mai**
malen, sie malt, gemalt
manche, mancher,
manches
manchmal
der **Mann,** die Männer
der **Mantel,** die Mäntel
das **Märchen,** die Märchen
die **Mark**
die **Marke,** die Marken
der **März**
die **Maschine,**
die Maschinen
mehr
mein, meine, meiner
meinen, er meint,
gemeint
meisten (am), viel, mehr
die **Melone,** die Melonen
die **Menge,** die Mengen
der **Mensch,** die Menschen
merken, sie merkt,
gemerkt
messen, sie misst,
sie maß, gemessen
das **Messer,** die Messer

der **Meter,** die Meter
mich
die **Milch**
mir
mit
die **Mitte,** die Mitten
der **Mittwoch**
möchten, sie möchte
der **Monat,** die Monate
der **Montag,** die Montage
der **Morgen,** die Morgen,
am Morgen
morgen, morgens
müde
der **Müll**
müssen, er muss,
er musste, wir müssen
die **Mutter,** die Mütter
die **Mütze,** die Mützen

N, n

nach
nächste, nächster,
nächstes
die **Nacht,** die Nächte
der **Name,** die Namen
die **Nase,** die Nasen
nass, nasser,
am nassesten
neben
nehmen, sie nimmt,
sie nahm, genommen
nein
nennen, er nennt,
er nannte, genannt
neu, neuer, am neuesten
neun
nicht
nichts
noch
der **November**
nun
nur

O, o

oben
das **Obst**
oder
offen
öffnen, du öffnest, geöffnet
oft
ohne
das **Ohr,** die Ohren
der **Oktober**
die **Oma,** die Omas
der **Onkel,** die Onkel
der **Opa,** die Opas
der **Ort,** die Orte
das **Ostern**

P, p

das **Paar,** die Paare
paar
packen, sie packt, gepackt
der **Papa,** die Papas
das **Papier,** die Papiere
die **Pappe,** die Pappen
passen, es passt, gepasst
die **Pause,** die Pausen
das **Pedal,** die Pedale
pfeifen, er pfeift, er pfiff, gepfiffen
das **Pferd,** die Pferde
die **Pflanze,** die Pflanzen

pflanzen, er pflanzt, gepflanzt
pflegen, er pflegt, gepflegt
pflücken, sie pflückt, gepflückt
die **Pfütze,** die Pfützen
der **Pilz,** die Pilze
der **Plan,** die Pläne
der **Platz,** die Plätze
plötzlich
die **Post**
prüfen, er prüft, geprüft
der **Punkt,** die Punkte
pünktlich, pünktlicher, am pünktlichsten
die **Puppe,** die Puppen
putzen, sie putzt, geputzt

Qu, qu

der **Quark**
die **Quelle,** die Quellen
quellen, es quillt, es quoll, gequollen
quer

R, r

das **Rad,** die Räder
das **Radio,** die Radios
raten, er rät, er riet, geraten
der **Raum,** die Räume
rechnen, sie rechnet
rechte
rechts, rechter, rechtes
regnen, es regnet, geregnet
das **Reh,** die Rehe
reich, reicher, am reichsten
reif, reifer, am reifsten

die **Reihe,** die Reihen
rein
die **Reise,** die Reisen
reisen, er reist, gereist
reißen, es reißt, es riss, gerissen
rennen, sie rennt, sie rannte, gerannt
richtig
der **Ring,** die Ringe
der **Riss,** die Risse
der **Rock,** die Röcke
rollen, sie rollt, gerollt
der **Roller,** die Roller
rot
der **Rücken,** die Rücken
rufen, er ruft, er rief, gerufen
rund

S, s

die **Sache,** die Sachen
sagen, er sagt, gesagt
das **Salz,** die Salze
sammeln, er sammelt
der **Samstag,** die Samstage
der **Sand,** die Sande
satt
der **Sattel,** die Sättel
der **Satz,** die Sätze
sauber, sauberer, am saubersten
das **Schaf,** die Schafe
schaffen, er schafft, geschafft
schauen, sie schaut, geschaut
scheinen, sie scheint, sie schien, sie hat geschienen
schenken, er schenkt, geschenkt
die **Schere,** die Scheren

Finde alle Wörter dieser Seite, die vier Buchstaben haben!

schicken, sie schickt,
geschickt
schieben, er schiebt,
er schob, geschoben
das **Schiff,** die Schiffe
schlafen, es schläft,
es schlief, geschlafen
schlagen, er schlägt,
er schlug, geschlagen
schlecht, schlechter,
am schlechtesten
schlimm, schlimmer,
am schlimmsten
der **Schlitten,** die Schlitten
der **Schlüssel,** die Schlüssel
schmal, schmaler,
am schmalsten
schmecken,
es schmeckt, geschmeckt
die **Schminke**
der **Schmuck**
schmücken,
sie schmückt, geschmückt
der **Schmutz**
schmutzig, schmutziger,
am schmutzigsten
der **Schnee**
schneiden, sie schneidet,
sie schnitt, geschnitten
schneien, es schneit,
geschneit
schnell, schneller,
am schnellsten
die **Schokolade,**
die Schokoladen
schon
schön, schöner,
am schönsten
der **Schrank,** die Schränke
schreiben, er schreibt,
er schrieb, geschrieben
schreien, er schreit,
er schrie, geschrien
die **Schrift,** die Schriften
der **Schuh,** die Schuhe

die **Schule,** die Schulen
der **Schüler,** die Schüler
die **Schülerin,**
die Schülerinnen
die **Schürze,** die Schürzen
die **Schüssel,** die Schüsseln
schütteln, er schüttelt,
geschüttelt
schütten, sie schüttet,
geschüttet
der **Schwanz,** die Schwänze
schwarz
das **Schwein,** die Schweine
schwer, schwerer,
am schwersten
die **Schwester,**
die Schwestern
schwierig, schwieriger,
am schwierigsten
schwimmen,
sie schwimmt,
sie schwamm,
geschwommen
sechs
der **See,** die Seen
sehen, er sieht, er sah,
gesehen
sehr
die **Seife,** die Seifen
das **Seil,** die Seile
sein, ich bin, du bist,
er ist, sie sind, ihr seid,
er war, gewesen
seit, seit gestern
die **Seite,** die Seiten
selber
selbst
senden, er sendet,
er sandte, gesendet
der **September**
setzen, er setzt,
er setzte, gesetzt
sich
sicher, sicherer,
am sichersten

sie
sieben
sind
singen, sie singt,
sie sang, gesungen
sitzen, sie sitzt, sie saß,
gesessen
so
sollen, er soll
der **Sommer,** die Sommer
der **Sonnabend,**
die Sonnabende
die **Sonne,** die Sonnen
der **Sonntag,** die Sonntage
sparen, du sparst,
gespart
spät, später,
am spätesten
spazieren, er spaziert
sperren, er sperrt,
gesperrt
das **Spiel,** die Spiele
spielen, es spielt,
gespielt
spitz, spitzer,
am spitzesten
sprechen, er spricht,
er sprach, gesprochen
springen, es springt,
es sprang, gesprungen
spritzen, sie spritzt,
gespritzt
die **Stadt,** die Städte
der **Stall,** die Ställe
der **Stamm,** die Stämme
stark, stärker,
am stärksten
stecken, er steckt,
gesteckt
stehen, sie steht,
sie stand, gestanden
der **Stein,** die Steine
die **Stelle,** die Stellen
stellen, du stellst,
gestellt

der **Stern,** die Sterne
der **Stiel,** die Stiele
der **Stift,** die Stifte
still, stiller, am stillsten
der **Stock,** die Stöcke
stoßen, er stößt,
er stieß, gestoßen
die **Straße,** die Straßen
der **Strauß,** die Sträuße
das **Stück,** die Stücke
der **Stuhl,** die Stühle
die **Stunde,** die Stunden
suchen, sie sucht,
gesucht
summen, er summt,
gesummt
die **Suppe,** die Suppen
süß, süßer, am süßesten

T, t

die **Tafel,** die Tafeln
der **Tag,** die Tage
die **Tante,** die Tanten
tanzen, er tanzt, getanzt
die **Tasche,** die Taschen
die **Tasse,** die Tassen
der **Tee,** die Tees
das **Teil,** die Teile
teilen, sie teilt, geteilt
der **Teller,** die Teller
tief, tiefer, am tiefsten
das **Tier,** die Tiere
der **Tisch,** die Tische
die **Tonne,** die Tonnen
der **Topf,** die Töpfe
die **Torte,** die Torten
tragen, sie trägt,
sie trug, getragen
treffen, er trifft, er traf,
getroffen
die **Treppe,** die Treppen
treten, es tritt, es trat,
getreten

trinken, er trinkt,
er trank, getrunken
trocken, trockener,
am trockensten
das **Tuch,** die Tücher
tüchtig, tüchtiger,
am tüchtigsten
die **Tulpe,** die Tulpen
tun, er tut, er tat, getan
die **Tür,** die Türen
turnen, sie turnt, geturnt
die **Tüte,** die Tüten

U, u

üben, sie übt, geübt
über
die **Übung,** die Übungen
die **Uhr,** die Uhren
um
und
ungenau
ungleich
uns, unser, unsere
unten
unter

Suche alle Wörter mit ver- auf dieser Seite!

V, v

der **Vater,** die Väter
vergessen, er vergisst,
er vergaß, vergessen
der **Verkehr**
verlieren, er verliert,
er verlor, verloren
verraten, er verrät,
er verriet
verreisen, sie verreist
viel, mehr, am meisten
viele, vieles
vielleicht
vier
der **Vogel,** die Vögel
voll, voller, am vollsten
vom
von
vor
vorbei
vorher
vorn
vorüber

W, w

der **Wagen,** die Wagen
die **Wahl,** die Wahlen
wählen, du wählst,
gewählt
wahr
die **Wahrheit,** die Wahrheiten
der **Wald,** die Wälder
die **Wand,** die Wände
wandern, er wandert,
gewandert
wann
die **Wanne,** die Wannen
war, ich war, du warst,
ihr wart, ich bin gewesen
warm, wärmer,
am wärmsten

warten, sie wartet, gewartet

warum

was

waschen, er wäscht, er wusch, gewaschen

wecken, sie weckt, geweckt

der **Weg,** die Wege

wehen, es weht, geweht

weich, weicher, am weichsten

die **Weihnacht**

das **Weihnachten,** die Weihnachten

weil

weinen, er weint, geweint

weiß

weit, weiter, am weitesten

welche, welcher, welches

wem

wen

wenig

wenn

wer

werden, er wird, er wurde, geworden

werfen, sie wirft, sie warf, geworfen

das **Werk,** die Werke

das **Wetter**

wie

wieder

die **Wiese,** die Wiesen

der **Wind,** die Winde

der **Winter,** die Winter

wir

wischen, er wischt, gewischt

wissen, er weiß, er wusste, gewusst

wo

die **Woche,** die Wochen

woher

wohnen, sie wohnt, gewohnt

die **Wohnung,** die Wohnungen

die **Wolke,** die Wolken

die **Wolle**

wollen, er will, er wollte, gewollt

das **Wort,** die Worte, die Wörter

der **Wunsch,** die Wünsche

wünschen, sie wünscht, gewünscht

X, x

die **X-Beine**

Y, y

das **Ypsilon,** die Ypsilons

Z, z

die **Zahl,** die Zahlen

zahlen, er zahlt, gezahlt

zählen, sie zählt, gezählt

zehn

zeichnen, sie zeichnet, gezeichnet

zeigen, sie zeigt, gezeigt

die **Zeit,** die Zeiten

die **Zeitung,** die Zeitungen

ziehen, er zieht, er zog, gezogen

das **Ziel,** die Ziele

zielen, sie zielt, gezielt

das **Zimmer,** die Zimmer

der **Zoo,** die Zoos

zu

der **Zucker**

zuerst

der **Zug,** die Züge

zuletzt

zum

zur

zurück

zusammen

zwei

zwischen

Ende

Inhalt	Mündlicher Sprachgebrauch	Schriftlicher Sprachgebrauch
Die Schule macht die Türen auf Seite 3 – 20	Eigene Erlebnisse erzählen; Weitererzählen einer Geschichte; Erzählen zu Bildern; Erfinden einer Fantasiegeschichte; über Gefühle nachdenken, zu Gefühlen sprechen; szenisches Gestalten; Informationen aus Anleitungen entnehmen; Erweitern der Gesprächsregeln: Entscheidungen treffen und begründen, anderen zuhören	Überarbeiten eines Textes; Gebrauch treffender Verben und der wörtlichen Rede; Fantasiegeschichten schreiben; Anregung zu freiem Schreiben
Familiengeschichten Seite 21 – 30	Erzählen zu Bildern; Gefühle äußern; Erzählen einer Bildergeschichte; szenisches Gestalten; Meinungen formulieren und begründen	Teilübungen zum Formulieren von: Überschriften – Anfang und Ende einer Geschichte – wörtlicher Rede; Aufschreiben einer Bildergeschichte
Du und ich und wir Seite 31 – 46	Mitschüler durch Tätigkeiten beschreiben; sich im Gesprächskreis über Gefühle äußern; in Spielszenen Konfliktlösungen erproben; sich in andere hineinversetzen und Gefühle verbal und nonverbal darstellen	Eigene Texte mit Zeichnungen oder Fotos über Freunde gestalten; einen Poesiespruch schreiben; eine Spielanleitung verfassen; zu Bildern eine Geschichte erfinden; Sprachspiele herstellen: ein lustiges Frage-Antwort-Spiel, ein Schreibspiel mit Satzteilen, Bilderrätsel, einen Freundschaftsbrief schreiben; Erzählkarten herstellen
Gesund bleiben – sich wohl fühlen Seite 47 – 58	Zusammenhängendes Erzählen; Rollenspiel; freies Sprechen über Erfahrungen und Probleme; Sammeln, Ordnen und Darstellen von Informationen; Meinungen äußern: Zustimmung, Widerspruch; Sachverhalte und Beobachtungen erfassen und darstellen; zu Stichpunkten folgerichtig erzählen; Vortrag vorbereiten und halten	Informationen zu Sachverhalten: Sätze aufschreiben; Schluss zu Geschichten erfinden; Fragen formulieren, Antworten finden; Erzählen eigener Erlebnisse; Erzählen zu einer Bildfolge; Stichpunkte notieren, zu Stichpunkten Sätze aufschreiben; Sachtext aufschreiben, Schrittfolge als Handlungsorientierung
Die Erde ist unser Haus Seite 59 – 68	Ein Gedicht mit passenden Geräuschen vortragen; eine Geräusche-Geschichte erzählen; einen Wunsch-Wetterbericht erfinden; einen Wetterbericht sprechen; Text-Bild-Beziehungen erfassen: Fragen und Antworten zum Bild; Informationen aufnehmen und wiedergeben	Bericht über Tiergehege oder Zoo, evtl. als Fotoreportage; Anregungen für das Schreiben eines Erlebnisses; ein Geschehen dokumentieren; einen Zeitungsartikel mit passender Überschrift schreiben (Anregungen durch eine Bildergeschichte); einen Text überarbeiten
Bei uns und anderswo Seite 69 – 78	Anregungen für eine Diskussion über das Fernsehen; wie ein Fernsehreporter, -ansager usw. sprechen; Meinungen begründen; über Entdeckungen aus Büchern erzählen; einen Werbetext für eine Buchvorstellung erfinden; mit Hilfe einer Karte Wege beschreiben; Begrüßung in einer fremden Sprache spielen; Zungenbrecher aus anderen Sprachen sprechen	Liste über die beliebtesten Fernsehsendungen anlegen; ein eigenes Fernsehprogramm erstellen; eine Buchvorstellung in Stichpunkten erarbeiten; Begründungen formulieren; Vergleiche feststellen und aufschreiben
Die Zeit vergeht Seite 79 – 90	Beschreiben von Uhren bzw. deren Funktionsweise; Informationen einholen, verstehen und weitergeben; Gespräche führen; Rollenspiel; freies Sprechen über eigene Erlebnisse; Ideen einbringen; Sammeln von Informationen; einfache Sachverhalte, Vorgänge erfassen und darstellen; Sprachspiele: Zungenbrecher; Merkmale von Gegenständen benennen; anderen etwas erklären und Erfahrungen nutzen; Sprachspiel: Abzählverse	Beschreiben der eigenen Uhr; Aufschreiben von Informationen; Beschreiben von Tätigkeiten; Spielideen notieren; Vorgänge folgerichtig beschreiben; Notieren und Beschriften; Gegenstände beschreiben; einen Werbespot schreiben; Schreiben einer Spielanleitung
Traumhaftes – Zauberhaftes – Erstaunliches Seite 91 – 102	Erfinden ähnlicher Verse zum Gedicht; mit Sprache kreativ umgehen; zusammenhängendes Erzählen; Erfinden eines Schlusses für eine Geschichte; Sprachspiele; Merkmale von Gegenständen beschreiben; bewusst sprachliche Mittel einsetzen; anderen etwas erklären; sich über Wünsche austauschen	Weitererzählen einer begonnenen Geschichte unter bewusster Nutzung ausgewählter sprachlicher Mittel; Vorübungen zum Berichten; Sachzusammenhänge selbstständig und treffend darstellen; Stichpunkte aus Texten gewinnen; Anfertigen einer Beschreibung unter Nutzung von Abbildungen und Stichpunkten; Schreiben einer Anleitung; Notieren und Beschriften; Schreiben einer erfundenen Geschichte; eine Geräuschegeschichte gestalten
Blätter an meinem Kalender Seite 103 – 116	Über Weihnachtsvorbereitungen sprechen; aus einer Bastelanleitung Informationen entnehmen; das Wichtelspiel kennen lernen; eine Feier planen; ein Spiellied singen und tanzen; Frühlingsbräuche erkunden; Aprilscherze lesen und erzählen; eine Bildfolge ordnen und dazu erzählen	Wortsammlungen anlegen; über Erlebtes und Beobachtetes in den Jahreszeiten berichten; eine Bastelanleitung schreiben; eine Einladung schreiben; Rätsel lösen; zum Muttertag/Frauentag einen Glückwunsch gestalten; ein Frühlings-Elfchen dichten; zu einer Bildgeschichte einen Text schreiben und überarbeiten

Sprache untersuchen	Rechtschreiben	Regenbogenseite/Mini-Projekte
Wiederholung und Übung zusammengesetzter Substantive; mit Substantiven und Adjektiven Gefühle ausdrücken; Wortfamilien – Wortbausteine – Wortfelder; Wortbedeutungen untersuchen; Redensarten deuten; Untersuchen alter Schriften; vorbegrifflicher Umgang mit Oberbegriffen bei Substantiven; vorbegrifflicher Umgang mit Personalpronomen; Wörtliche Rede und Begleitsatz (Einf.)	Übung von Wörter des Grundwortschatzes (GWS); Übung und Erweiterung im Ordnen nach dem Abc; Umgang mit dem Wörterbuch (Einf.); Zeichensetzung bei der wörtlichen Rede (vorangestellter Begleitsatz); verschiedene Formen von Übungsdiktaten; sinnvolle Fehlerberichtigung von Einzelwörtern; Wortbedeutungen untersuchen (Unterscheidung: Paar/paar)	Sprache untersuchen; Anregung: Museumsbesuch; Wortbilder gestalten; Wir-Buch; Wörterkartei; Freiarbeit und Arbeit nach eigenen Plänen; Klassenfest vorbereiten
Anwenden der Kenntnisse über Satzbildung und wörtliche Rede; Berufsnamen als Substantive; vorbegrifflicher Umgang mit Präpositionen; Üben des fallrichtigen Sprechens	Wörter des GWS üben; Arbeit mit dem Wörterbuch; Entwicklung einer rechtschreibbewussten Haltung; Großschreibung von Substantiven (Erweiterung durch Berufsnamen)	Anregung: Mini-Buch; Freizeitideen sammeln; Spielen mit Sprache; Anregungen zum kreativen freien Schreiben (Foto-Roman)
Pronomen können für Substantive stehen (Einf.); Veränderbarkeit des Verbs erkennen; Terminus Grundform und gebeugte Verbform (Einf.); Frage- und Aufforderungssätze; Bedeutungsveränderung bei Verben mit ver- und vor-; Terminus Satzglied (Einf.); Wortfamilien erkennen; Veränderung von Verben bei verschiedenen Zeitstufen erkennen; Terminus Gegenwart und Vergangenheit (Einf.)	Wörter des GWS üben; Verbformen mit dem Wörterverzeichnis prüfen; Wörter mit ss und ß üben, kurzen und langen Selbstlaut kennzeichnen; Wörter mit mm, pp, tt, ll; Verben mit ie	Mit Umfrageergebnissen ein Klassenposter gestalten; ein Buchprojekt: Geschichten über Freundschaften sammeln
Wortfamilien ordnen; zusammengesetzte Substantive; Ordnen nach Wortarten; Wörtliche Rede; Frage- und Antwortsätze; Satzglieder umstellen; nach Sammelbegriffen ordnen; Adjektive; Verbformen im Präsens und Präteritum	Wörter des GWS üben; Schwerpunkte: Wörter mit ck, kurze Vokale vor doppeltem Konsonanten und nz, lz, nz, rz, lk, nk, rk; Reimwörter; Partnerdiktate; Übungen im Umgang mit dem Wörterbuch	Gesundheitsbüchlein; Geschichte in der Streichholzschachtel; Exkursion: Arztpraxis o.ä., Fotoreportage; Frage-Antwort-Spiel; Drehscheibe zum Tagesablauf herstellen, spielen; Speisepläne aufstellen; Rezeptbuch; Exkursion: Bauernhof, Bäckerei o.ä.; Kartoffelexperimente; Ausstellung
Fragesätze bilden und Fragen beantworten (vorbegrifflicher Umgang mit Satzgegenstand); Einführung Satzgegenstand (Subjekt) und Satzaussage (Prädikat); Erkennen des Verbs im Satz; Anwenden der Fragen zum Erkennen von Satzgegenstand und Satzaussage; Anwenden der wörtlichen Rede	Wörter des GWS üben; Schwerpunkt: Wörter mit doppeltem Mitlaut; Wortfamilien bilden; Fragewörter anwenden; Reimwortübungen; Unterscheiden und Kennzeichnen von langen und kurzen Vokalen	Anregungen für das Herstellen eines Quartetts (Kapiteleingangsseite); Herstellen eines Würfelspieles;
Mit Satzgliedern spielen; Einführung der Vergleichsstufen: Grundstufe, Mehrstufe, Meiststufe; Gegenteile benennen; Vergleichsstufen der Adjektive bilden	Wörter des GWS üben; Schwerpunkt: Wortzusammensetzungen mit vor; Wortfamilien erkennen; Finden von Reimwörtern; Schreiben von Adjektiven mit ihren Vergleichstufen	Anregungen für das Herstellen eines Klassenfernsehers (Fernsehen aus der Kiste); Buchvorstellung (unter Nutzung von Tipps); Memorys mit Vergleichsstufen; Domino mit Gegenteilen
Zusammengesetzte Substantive (Nomen) erkennen; Schreiben zusammengesetzter Substantive; Substantiv in Verbindung mit Präposition gebrauchen; Bilden von Vergleichen mit Hilfe des Vergleichswortes „als"; Wortfamilien erkennen; Wiederholung: Verben im Präsens und Präteritum; Verben in gebeugten Formen schreiben; Erkennen und Zusammenstellen von Wortfeldern; Verwenden von Zahlwörtern in Abzählversen	Wörtliche Rede: Zeichensetzung und selbstständiges Finden der Begleitsätze; Wörter des GWS üben; Wortfamilien; Schwerpunkt: Wörter mit ss, und ß; Erkennen von Wortstamm und Endung	Würfelspiel zur Festigung von Übungswörtern mit doppeltem Mitlaut; Spielbeschreibungen sammeln (Wir-Buch oder Spielebuch)
Vorbegriffliche Übungen zu Satzergänzungen; Wortfamilien bilden; Umformen eines Textes aus dem Präteritum ins Präsens; Satzglieder umstellen; über Wortbedeutungen nachdenken; Wortbildung: zusammengesetzte Verben; Ordnen von Satzteilen zu sinnvollen Sätzen; Veränderung von Verben in Sätzen; Bilden von Vergleichen mit „so wie" bzw. „genau so wie";	Wörter des GWS üben; Schwerpunkte: Wortfamilien; Wortstamm - Endung; Vorsilbe be-; Wörter mit Qu; Wörter mit ch	Interaktionsspiele; eine Geräusche-Geschichte gestalten; spielerische Übungsmöglichkeiten zur Sicherung von Übungswörtern (Freiarbeitsangebot)
Schreibspiele: Rätsel, Silbenrätsel, Scherzfragen, Wörter oder Sätze finden; zusammengesetzte Substantive bilden und schreiben; Substantive erkennen; Verbformen einsetzen (vorbegrifflich Zeitformen); Adjektive bilden und schreiben	Wörter des GWS üben; Wörter mit ee; Tipp: Würfeldiktat	Ein Jahreszeiten-Buch gestalten; Julklapp oder Wichteln; Wettstreit: Wer erzählt den besten Witz?; einen Videofilm herstellen: zu einer Geschichte Bilder malen, passende Klänge und Geräusche suchen, erzählen und mit einer Videokamera aufnehmen

Verfasser- und Quellenverzeichnis

S. 4: Good morning. (Original aus dem Englischen) volkstümlich. **S. 18:** Wenn die Igel Spiegel küssen. Aus: Gisela Hennekapper, Unvergessliche Kinderfeste. Falken Verlag o.J. **S. 21:** Regina Schwarz: Mein Vater. Aus: Überall und neben dir. Hrsg.: Hans Joachim Gelberg. Beltz Verlag Weinheim und Basel 1986. **S. 21:** Angela Sommer-Bodenburg: Mama, du bist wunderbar. / Bist du wütend meinetwegen. Aus: Freu dich nicht zu früh, ich verlass dich nie! Wunderlich Verlag Tübingen 1987. © Angela Sommer-Bodenburg. **S. 24:** Horst Bartnitzky: Was machen wir heute? Aus: Komm, wir machen einen Zirkus. (Reihe „Lesehefte für die Grundschule") Ernst Klett Schulbuchverlag Stuttgart 1986. **S. 36:** Victoria Ruika-Franz: Über meinen Freund. Aus: Victoria Ruika-Franz, Ich bin Kolumbus. Der Kinderbuchverlag Berlin 1983. **S. 37:** Poesiespruch. Aus: Waltraut Pröve, Beliebte Verse fürs Poesiealbum. Falken Verlag Niedernhausen 1992. **S. 38:** Der Fuchs und die Gänse. Aus: Dietmar Rost, Freizeit. 224 Einfälle und Anregungen zur Freizeitgestaltung. Gütersloher Verlagshaus Gerd Mohn 1976. **S. 39:** Zungenbrecher: Zwischen zwei Zwetschgenzweigen. Aus: Efim Marovic Minskin, Spiele im Hort. Verlag Prosvescenie Moskau o.J. Deutsche Übersetzung Barbara Heitkam, Verlag Volk und Wissen Berlin 1982. **S. 43:** Gerhard Schöne: Wenn ich glücklich bin. Aus: Das Auto von Lucio. Kinderlieder aus aller Welt. Patmos Verlag Düsseldorf 1991. **S. 44:** Rolf Krenzer: Hallo neuer Tag (Auszug). Aus: Rolf Krenzer/Ludger Edelkötter, So schön ist es im Sommer. Union Verlag Stuttgart 1992. **S. 44:** Ursula Wölfel: Am Morgen. Aus: Baumgärtner, Frühmorgens bis Sylvester. Gedichte für Kinder. Schwann Verlag o.J. **S. 45:** Hanisch: Martina, die Maus. Aus: Alfred Detter, Rund ums Fernsehen; spielerische Übungen für das 3. und 4. Schuljahr. Ernst Klett Verlag Stuttgart 1995. **S. 46:** Elizabeth Shaw: Der scheue Schneck. (Auszug) Aus: Elizabeth Shaw, Die Schildkröte hat Geburtstag. Der Kinderbuchverlag Berlin 1996. **S. 48:** Friedl Hofbauer: Beim Zahnarzt. Aus: Spatzenballett. Loewes Verlag o.J. **S. 52:** Josef Guggenmos: Hempulndes Degicht. Aus: Wenn Riesen niesen. Verlag Ueberreuter Wien 1980. © Josef Guggenmos. **S. 60:** James Krüss: Gewitterlied. Aus: Die Grundschulzeitschrift, Nr. 79. Friedrich Verlag Velber 1994. **S. 63:** Mira Lobe: Wer heißt wie? Aus: Wolf Harrauth, Im Pfirsich wohnt der Pfirsichkern. Gedichte für Kinder. Verlag Sankt Gabriel Mödling Wien 1994. **S. 70:** Alfons Schweiggert: Fernsehen aus der Kiste. (Auszug) © Alfons Schweiggert. **S. 77:** Meinhard Ansohn: Guten Morgen. Aus: Die Grundschulzeitschrift, Nr. 78. Friedrich Verlag Velber 1994. **S. 79:** Originalbeitrag von Lothar Pfeiffer: Gemessen wird die Zeit. **S. 84:** Zeigt her eure Füße. Text und Melodie volkstümlich. **S. 91:** Gustav Falke: Eine Kuh, die saß im Schwalbennest. Aus: Gesammelte Dichtungen. Verlag Alfred Janssen Hamburg 1912. **S. 102:** Die Geschichte vom fliegenden Robert. Aus: Der Struwwelpeter. Lustige Geschichten und drollige Bilder von Heinrich Hoffmann. Altberliner Verlag Berlin 1989. **S. 104:** Grit Baginski: Niesvember. Aus: Armin Wohlgemuth, Albert's bunte Bilderbude. Der Kinderbuchverlag Berlin 1990. **S. 104:** Rätsel: Die Eichel. Aus: Kinder, kommt und ratet. Verlag Volk und Wissen Berlin 1984. **S. 108:** Anne Steinwart: Schlitten fahren. Aus: Da haben zwei Katzen gesungen. Carlsen Verlag 1992. **S. 110:** Jetzt fängt das schöne Frühjahr an. Text und Melodie volkstümlich. Aus: Unser Liederbuch-Regenbogen. Ernst Klett Schulbuchverlag GmbH, Stuttgart 1994. **S. 111:** Die Vögel wollten Hochzeit machen. Aus: Komm, sing mit. Verlag Volk und Wissen Berlin 1961. **S. 112:** Josef Guggenmos: So geht es in Grönland. Aus: Was denkt die Maus am Donnerstag? Deutscher Taschenbuchverlag München 1996. **S. 115:** Rolf Krenzer: Ferienwünsche. Aus: Rolf Krenzer/Ludger Edelkötter, So schön ist es im Sommer. Union Verlag Stuttgart 1992.

Abbildungs- und Fotonachweis

S. 5: Fotos Tiere: © Angermayer, Holzkirchen. **S. 15:** Farblithographie: Historischer Schulraum. © AKG Photo, Berlin. **S. 30:** Fotos: Abendbrot. © Alexander Tietze, form art Berlin. **S. 50:** Foto: Ärztin. © Ulrich Wirth, MEV-Verlag. **S. 51:** Foto: Kinderärztin. Mauritius, Habel, Stuttgart. **S. 86:** Illustration: Draisine. Spytimir Bursik. © Artia-Verlag Prag, 1989. **S. 87:** Foto: Fahrrad, SOFACO, Berlin. **S. 94:** Stiche. Flugobjekte, Lemme. **S. 95:** Cover: Der Struwwelpeter. Rütten & Loening, Berlin 1994. **S. 97:** Fotos: Tagpfauenauge. OKAPIA, Manfred P. Kage, Dr. Friedrich Sauer, Dr. P. Wernicke, Frankfurt. H. Reinhard, Heiligkreuzsteinach, © Angermayer, Holzkirchen. **S. 102:** Der fliegende Robert. Aus: Der Struwwelpeter. Rütten & Loening, Berlin 1994. **S. 109:** Pieter Brueghel d. Ä., Die Heimkehr der Jäger. Kunsthistorisches Museum Wien. © Artothek Peissenberg. **S. 111:** Foto: Vogelhochzeit. Jürgen Matschie, Bautzen. Cover: Wenn die Frühlingssonne lacht. © Union Verlag, München. **S. 116:** e. o. Plauen, Der erste Ferientag. Aus: e. o. Plauen, Vater und Sohn Gesamtausgabe. Südverlag GmbH Konstanz 1982. Mit Genehmigung der Gesellschaft für Verlagswerte GmbH, Kreuzlingen/Schweiz.

Die Bilder der Zusatzaufgabe auf der Seite 11 stehen für folgende Redensarten:

 Sich einen Ast lachen
 Wie die Katze um den heißen Brei schleichen
 Jemanden auf die Palme bringen

Auflösung des Rätsels von Seite 95: die Nase

Auflösung der Scherzfrage von Seite 112:
 Der Chinese isst den Fisch mit Fischstäbchen. Der Witz besteht in der Doppeldeutigkeit des Wortes „Fischstäbchen", einmal als Essgerät der Chinesen, zum andren als Speise selbst.